目次
― Contents ―

はじめに ………………………………………… 3
HSK概要 ………………………………………… 4

■ HSK2級 試験概要
HSK2級について ……………………………… 8
試験当日の流れ ………………………………… 10
試験の流れ ……………………………………… 11
問題形式の確認 ………………………………… 13
聴力試験のスクリプト ………………………… 18
解答用紙 ………………………………………… 19

■ 過去問題
第1回 ……………………………………………… 21
　　　　　　　　　　　　　◎disk1 track　1～6
第2回 ……………………………………………… 33
　　　　　　　　　　　　　◎disk1 track　7～12
第3回 ……………………………………………… 45
　　　　　　　　　　　　　◎disk1 track 13～18
第4回 ……………………………………………… 57
　　　　　　　　　　　　　◎disk2 track　1～6
第5回 ……………………………………………… 69
　　　　　　　　　　　　　◎disk2 track　7～12

■ 解答・解説
第1回 ……………………………………………… 81
第2回 ……………………………………………… 107
第3回 ……………………………………………… 133
第4回 ……………………………………………… 159
第5回 ……………………………………………… 185

はじめに

1. 本書について

○ 本書には、2012年に実施された新HSKの試験5回分の問題を収録しています。聴力問題は添付CDに収録されていますのでご活用ください。

○ 81ページからの解答・解説には、聴力問題のリスニングスクリプトと和訳、読解問題の和訳と解説を掲載しています。

○ 本書では、逐語訳を基本としていますが、訳文がなるべく自然な日本語となるよう、各文法要素が読み取れるような表現を使用しています。

2. 文法用語

解説では次の用語を使用しています。

文を構成するもの及び文の成分
・単語、連語（＝フレーズ）、節
・主語、述語、目的語、状語（＝連用修飾語）、定語（＝連体修飾語）、補語（様態補語、程度補語、結果補語、方向補語、可能補語、数量補語）

品詞等
名詞、時間詞、場所詞、方位詞、数詞、量詞（名量詞、動量詞）、数量詞、代詞（人称代詞、指示代詞、疑問代詞）、動詞、助動詞、形容詞、副詞、介詞、接続詞、助詞（構造助詞、動態助詞、語気助詞）、感動詞、擬声詞、離合詞、成語、慣用語、接頭辞、接尾辞

HSK 概要

HSKとは？？

　HSKは中国語能力検定試験 "汉语水平考试"（Hanyu Shuiping Kaoshi）のピンインの頭文字をとった略称です。HSKは、中国政府教育部（日本の文部科学省に相当）が認定する世界共通の中国語の語学検定試験で、母語が中国語ではない人の中国語の能力を測るために作られたものです。現在、中国国内だけでなく、世界各地で実施されています。

Hanyu　**S**huiping　**K**aoshi
汉语　　水平　　考试

中国政府認定
世界共通のテスト

新HSKの導入と試験内容

　HSKは、1990年に中国国内で初めて実施され、翌1991年から、世界各国で実施されるようになりました。

　2010年から導入された新HSKでは、これまで以上にあらゆるレベルの学習者に対応できるよう、試験難易度の幅を広げ、各段階での学習者のニーズを満たすことを目指しました。また、HSKは、中国語によるコミュニケーション能力の測定を第一の目的とした実用的な試験です。そのため、実際のコミュニケーションで使用する会話形式の問題や、リスニング、スピーキング能力の測定に重点をおいた試験となっています。

HSK受験のメリット

　HSKは、中国政府の認定試験であるため、中国において中国語能力の公的な証明として通用し、HSK証書は中国の留学基準や就職の際にも活用されています。

　また、2010年のリニューアルでは、ヨーロッパにおいて外国語学習者の能力評価時に共通の基準となるCEF[※1]と合致するよう設計されたため、欧米各国の外国語テストとの互換性から難易度の比較がしやすく、世界のどの地域でも適切な評価を受けることが可能となりました。

中国語能力の測定基準

⇒ 自分の中国語能力を測定することで、学習の効果を確認するとともに、学習の目標として設定することでモチベーション向上につながります。

企業への中国語能力のアピール

⇒ 企業採用選考時の自己アピールとして中国語能力を世界レベルで証明できるだけでなく、入社後の実務においても中国語のコミュニケーション能力をアピールする手段になり、現地（中国）勤務や昇進等の機会を得ることにつながります。

中国の大学への留学や中国での就職

⇒ HSKは大学への本科留学の際に必要な条件となっています。また、中国国内での就職を考える際にも、中国語能力を証明するために必要な資格であると言えます。

日本国内の大学入試優遇

⇒ 大学入試の際にHSKの資格保有者に対し優遇措置をとる大学が増えてきています。
（詳細はHSK事務局HP：http://www.hskj.jp）

※1
CEF（ヨーロッパ言語共通参照枠組み：Common European Framework of Reference for Languages: Learning, teaching, assessment）は、ヨーロッパにおいて、外国語教育のシラバス、カリキュラム、教科書、試験の作成時、および学習者の能力評価時に共通の基準となるもので、欧州評議会によって制定されたもの。学習者個人の生涯にわたる言語学習を、ヨーロッパのどこに住んでいても断続的に測定することができるよう、言語運用能力を段階的に明記している。

HSK 各級のレベル

新HSKでは、1級から6級までに級が分けられ、合否およびスコアによって評価されます。

難易度	級	試験の程度	語彙量	CEF	
高	6級	中国語の情報をスムーズに読んだり聞いたりすることができ、会話や文章により、自分の見解を流暢に表現することができる。	5,000語以上の常用中国語単語	C2	熟達した言語使用者
	5級	中国語の新聞・雑誌を読んだり、中国語のテレビや映画を鑑賞したりでき、中国語を用いて比較的整ったスピーチを行うことができる。	2,500語程度の常用中国語単語	C1	
	4級	中国語を用いて、広範囲の話題について会話ができ、中国語を母国語とする相手と比較的流暢にコミュニケーションをとることができる。	1,200語程度の常用中国語単語	B2	自律した言語使用者
	3級	生活・学習・仕事などの場面で基本的なコミュニケーションをとることができ、中国旅行の際にも大部分のことに対応できる。	600語程度の基礎常用中国語単語及びそれに相応する文法知識	B1	
	2級	中国語を用いた簡単な日常会話を行うことができ、初級中国語優秀レベルに到達している。大学の第二外国語における第一年度履修程度。	300語程度の基礎常用中国語単語及びそれに相応する文法知識	A2	基礎段階の言語使用者
低	1級	中国語の非常に簡単な単語とフレーズを理解、使用することができる。大学の第二外国語における第一年度前期履修程度。	150語程度の基礎常用中国語単語及びそれに相応する文法知識	A1	

HSK2級 試験概要

HSK2級について

　HSK2級は、受験生の日常中国語の応用能力を判定するテストで、「身近な日常生活の話題について簡単で直接的な交流ができ、初級中国語の上位レベルに達している」ことが求められます。主に週2～3回の授業を1年間（2学期間）習い、300語程度の常用単語と文法知識を習得している者を対象としています。

試験内容

聴力（聞き取り）：約25分・放送回数2回

パート	形　　式	問題数
第1部分	放送される短文が写真と一致するかを答える	10題
第2部分	放送される短い会話の内容に一致する写真を選ぶ	10題
第3部分	放送される短い会話の内容に関する問いに答える	10題
第4部分	放送されるやや長い会話の内容に関する問いに答える	5題

読解：22分

パート	形　　式	問題数
第1部分	短文に一致する写真を選ぶ	5題
第2部分	文中の空所に適切な語句を補う	5題
第3部分	2つの短文の内容が一致するかを答える	5題
第4部分	意味が通る短文を組み合わせる	10題

○試験開始の前に、解答用紙に個人情報を記入する時間が与えられます。
○聴力試験終了後に、解答用紙に記入する時間が予備として3分間与えられます。

成績および有効期間

○聴力、読解の配点はそれぞれ100点、合計200点で評価されます。

○総得点120点が合格ラインです。

○HSK2級の成績証には、聴力、読解のそれぞれの得点および総得点が明記されます。

○成績証は合否に関わらず受験者全員（試験無効者を除く）に送付され、発送には試験後約60日を要します。

○試験の約1カ月後から、HSK公式ホームページ（http://www.hskj.jp）にて成績照会を行うことが可能（受験番号と姓名の入力が必要）です。

○HSK2級の成績は長期有効です。ただし、外国人留学生が中国の大学に入学するための中国語能力証明とする場合、その有効期間は受験日から起算して2年間とされています。

試験当日の流れ

ここでは、試験当日の注意事項や、試験の概要を紹介します。

持ち物

試験当日の持ち物を確認しておきましょう。

```
□ 受験票（顔写真を貼りつけたもの）
□ 身分証明書（顔写真付きのもの）
□ 鉛筆（HB以上の濃いもの）
□ 消しゴム
□ 時計（携帯電話等は不可）
```

※身分証明書（顔写真付きのもの）を忘れると受験ができません。必ず持参しましょう。

集合時間

受験票に記載されている集合時間を確認しておきましょう。

試験開始時刻の20分前に受付が開始されます。

試験開始時刻から試験の事前説明が始まり、これ以降は入室できなくなりますので注意しましょう。

試験の流れ

試験開始から終了までは次のような流れで進行します。

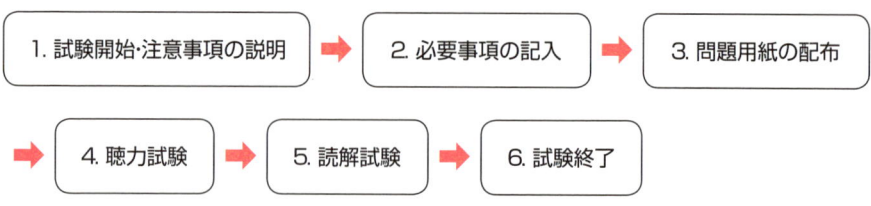

次ページ以降では、試験の流れを詳しく見ていきます。

※ 2級の試験では、聴力試験の放送内容以外の指示は日本語で行われます。聴力試験の放送内容は18ページで紹介していますので、事前に確認しておきましょう。

試験の流れ

1. 試験開始・注意事項の説明

試験開始時刻になると、事前説明が始まります。

試験中の注意事項および試験の内容に関して、説明が行われます。

この説明開始以降は、原則として試験終了まで入退室できませんので注意しましょう。

2. 必要事項の記入

試験開始時間になると、解答用紙が配布されます。

試験官の指示に従い、受験票に記載されている番号などを参考にして必要事項の記入を行いましょう。

① 姓名（名前）
② 中文姓名（中国語の名前：記入不要）
③ 考生序号（受験番号）
④ 考点代码（受験地番号）
⑤ 国籍（国籍：番号）
⑥ 年齢（年齢）
⑦ 性別（性別）

※③〜⑥は左側の空欄に数字を記入したうえで、その横に並んでいる番号のうち、該当するものをそれぞれマークしてください。

3. 問題用紙の配布

必要事項の記入が始まると、問題用紙が配布されます。問題用紙は試験官から指示があるまで開封できません。問題用紙にも受験番号を記入し、指示を待ちましょう。

問題用紙に記載してある注意事項について、試験官から次のような説明があります。

> ① HSK2級の試験は2つの部分に分かれています。
>   1. 聴力（聞き取り）試験（35題、約25分間）
>   2. 読解試験（25題、22分間）
> ② 解答は直接解答用紙に記入してください。聴力試験の後、解答用紙を記入するための予備時間が3分間与えられます。
> ③ 試験時間は全部で約65分間です。（事前説明および個人情報を書き込む時間を含む）

※説明の後、会場ごとに聴力試験、読解試験の開始時間および終了時間が記入・掲示されますので、終了時間は会場ごとに異なる場合があります。

4. 聴力試験

説明の後、試験官より聴力試験開始の合図があり、放送が開始します。

聴力試験中は全ての放送が中国語となります。聴力試験の試験時間は約25分間です。
※聴力試験の放送内容は18ページで紹介しています。

放送が終了すると、試験官より聴力試験終了の合図があります。その後3分間が与えられますので、解答を書ききれなかった場合は、この時間で解答の記入を行います。

5. 読解試験

解答用紙の記入時間が終了すると、試験官より読解試験開始の合図があります。
読解試験の試験時間は22分間です。
読解試験終了の5分前に、一度アナウンスがあります。

6. 試験終了

試験終了時間になると、試験官が問題用紙と解答用紙を回収します。
これで試験は終了です。試験官の指示に従って退出しましょう。

問題形式の確認

HSK2級の試験では、各パートの初めに例題が用意されています。
ここでは、例題の内容と和訳を紹介しています。各パートの問題形式を、確認しておきましょう。

	パート	問題数	時間	配点
听力 （聴力）	第1部分	10題	約25分間	100点
	第2部分	10題		
	第3部分	10題		
	第4部分	5題		
阅读 （読解）	第1部分	5題	22分間	100点
	第2部分	5題		
	第3部分	5題		
	第4部分	10題		

1 听 力

第1部分

第1部分は、正誤判断の問題です。短文がそれぞれ2回ずつ読み上げられます。読み上げられた短文の内容が写真と一致する場合には「✓」を、一致しない場合には「×」を選択しましょう。あらかじめ写真を見て、短文の内容を予測しておくことでスムーズに答えが導けます。

【例題】

スクリプト　Wǒmen jiā yǒu sān ge rén.
　　　　　　我们家有三个人。

スクリプト和訳　我が家は3人家族です。　

スクリプト　Wǒ měitiān zuò gōnggòng qìchē qù shàngbān.
　　　　　　我每天坐公共汽车去上班。

スクリプト和訳　私は毎日、バスに乗って
　　　　　　　　出勤します。

第2部分

第2部分は、会話の内容から写真を選択する問題です。
2人の会話文が2回ずつ読み上げられるので、会話の内容と一致する写真を選びましょう。写真は例題を除いて5つ与えられており、全ての選択肢が1回ずつ選ばれるようになっています。あらかじめ写真を見て、準備をしておきましょう。

【例題】

　　A　　　　B　　　　C　　　　D　　　　E　　　　F

スクリプト
男：你 喜欢 什么 运动？
　　Nǐ xǐhuan shénme yùndòng?
女：我 最 喜欢 踢 足球。
　　Wǒ zuì xǐhuan tī zúqiú.

スクリプト和訳
男：あなたは何のスポーツが好きですか？
女：私はサッカーが一番好きです。

正解 D

第3部分

第3部分は、会話の内容に関する問題です。2人の会話とその内容に関する問いがそれぞれ2回ずつ読み上げられます。問いに対する答えとして正しいものを、与えられた3つの選択肢から選びましょう。あらかじめ3つの選択肢に目を通しておきましょう。選択肢にはピンインが書いてありますので、聞き取るときのヒントになります。

【例題】

スクリプト
男：小王，这里 有 几 个 杯子，哪个 是 你 的？
　　XiǎoWáng, zhèlǐ yǒu jǐ ge bēizi, nǎge shì nǐ de?
女：左边 那个 红色 的 是 我 的。
　　Zuǒbian nàge hóngsè de shì wǒ de.
问：小王 的 杯子 是 什么 颜色 的？
　　XiǎoWáng de bēizi shì shénme yánsè de?

選択肢　A 红色　B 黑色　C 白色
　　　　　hóngsè　　hēisè　　báisè

スクリプト和訳
男　：王さん、ここにいくつかカップがあるけど、どれが君の？
女　：左側のその赤いのが私のよ。
問題：王さんのカップは何色ですか？

正解 A（赤色）

第4部分

第4部分は、会話の内容に関する問題です。2人の会話とその内容に関する問いがそれぞれ2回ずつ読み上げられます。問いに対する答えとして正しいものを、与えられた3つの選択肢から選びましょう。（第3部分の会話より少し長い会話です。）あらかじめ3つの選択肢に目を通しておきましょう。選択肢にはピンインが書いてありますので、聞き取るときのヒントになります。

【例題】

スクリプト

女：请在这儿写您的名字。
　　Qǐng zài zhèr xiě nín de míngzi.
男：是这儿吗？
　　Shì zhèr ma?
女：不是，是这儿。
　　Bú shì, shì zhèr.
男：好，谢谢。
　　Hǎo, xièxie.
问：男的要写什么？
　　Nánde yào xiě shénme?

選択肢

A 名字　　B 时间　　C 房间号
　 míngzi　　　shíjiān　　　fángjiān hào

スクリプト和訳

女　：こちらにお名前をお書きください。
男　：ここ？
女　：いいえ、こちらです。
男　：分かりました。ありがとう。
問題：男性は何を書こうとしていますか？

正解 A（名前）

2 阅读

> 第1部分

第1部分は、短文の内容から写真を選択する問題です。与えられた短文を読み取り、その内容と一致する写真を選びましょう。写真は例題を除いて5つ与えられており、全ての選択肢が1回ずつ選ばれるようになっています。

【例題】

A　　　　　B　　　　C　　　　D　　　　E　　　　F

問　題　Měi ge xīngqīliù, wǒ dōu qù dǎ lánqiú.
每个星期六，我都去打篮球。

問題文和訳　毎週土曜日に、私はいつもバスケットをしに行きます。

正解 D

> 第2部分

第2部分は、空所補充問題です。短文の空所部分に適切な語句を補い、意味の通る文章を作りましょう。語句の選択肢は例題を除いて5つ与えられており、全ての選択肢が1回ずつ選ばれるようになっています。

【例題】

選択肢　A 完(wán)　B 进(jìn)　C 过(guo)
　　　　　D 千(qiān)　E 贵(guì)　F 自行车(zìxíngchē)

問　題　Zhèr de yángròu hěn hǎochī, dànshì yě hěn
这儿的羊肉很好吃，但是也很（　）。

問題文和訳　ここのヒツジ肉料理は美味しい。でも値段が[高く]もある。

正解 E (高い)

第 3 部分

第3部分は、正誤判断の問題です。2つの短文が与えられていますので、その内容が一致する場合は「✓」を、一致しない場合には「×」を選択しましょう。

【例題】

問題
Xiànzài shì 11 diǎn 30 fēn, tāmen yǐjīng yóule 20 fēnzhōng le.
现在 是 11 点 30 分, 他们 已经 游了 20 分钟 了。
Tāmen 11 diǎn 10 fēn kāishǐ yóuyǒng.
他们 11 点 10 分 开始 游泳。

問題文和訳
今は11時30分です。彼らはすでに20分間泳ぎました。
彼らは11時10分に泳ぎ始めました。

正解 ✓

問題
Wǒ huì tiàowǔ, dàn tiàode bù zěnmeyàng.
我 会 跳舞, 但 跳得 不 怎么样。
Tā tiàode fēicháng hǎo.
她 跳得 非常 好。

問題文和訳
私はダンスができますが、すごく上手だというわけではありません。
彼女はダンスがとても上手だ。

正解 ×

第 4 部分

第4部分は、2つの短文を意味が通るように組み合わせる問題です。与えられた短文に対し、関連(対応)する文を、例題を除く5つの選択肢から選びます。全ての選択肢が1回ずつ選ばれるようになっています。

【例題】

選択肢
Tā bú rènshi nǐ.
A 它 不 认识 你。
Hěn jìn, cóng zhèr zuò chūzūchē, liù-qī fēnzhōng jiù dào le.
B 很 近, 从 这儿 坐 出租车, 六七 分钟 就 到 了。
Tā sān nián de shíjiān li, xiěle 4 běn shū.
C 她 三 年 的 时间 里, 写了 4 本 书。
Nǐ bǐ tā dà yí suì.
D 你 比 他 大 一 岁。
Tā zài nǎr ne? Nǐ kànjiàn tā le ma?
E 他 在 哪儿 呢? 你 看见 他 了 吗?
Xiǎo Liú jiào wǒ yìqǐ qù pǎobù.
F 小 刘 叫 我 一起 去 跑步。

問題
Tā hái zài jiàoshì li xuéxí.
他 还 在 教室 里 学习。

問題文和訳
彼はまだ教室の中で勉強しています。

正解 E (彼はどこにいるの?あなたは彼を見かけましたか?)

聴力試験のスクリプト

　ここでは聴力試験の放送内容を紹介しています。問題のスクリプトは解答・解説を参照してください。実際の試験で日本語は放送されません。

> "大家好！欢迎参加HSK二级考试。"
> 「みなさん、こんにちは。HSK2級の試験にようこそ。」
> （3回放送されます。）

> "HSK二级听力考试分四部分，共35题。请大家注意，听力考试现在开始。"
> 「HSK2級の聴力試験は4つの部分に分かれており、全部で35題です。それでは、今から聴力試験を始めますので、注意して聴いてください。」

その後、第1部分から順に放送が始まります。

各部分の初めには

> "一共〇个题，每题听两次。"
> 「全部で〇題あり、各問題の音声は2回ずつ流れます。」

というアナウンスがあります。

続いて例題が放送され、

> "现在开始第〇题。"
> 「それでは、第〇題から始めます。」

というアナウンスの後、問題が始まります。

全ての問題が終わると、

> "听力考试现在结束。"
> 「これで聴力試験は終わります。」

とアナウンスがあり、試験官の指示が続きます。

2级 解答用纸

汉语水平考试 HSK（二级）答题卡

---请填写考生信息---

按照考试证件上的姓名填写：

姓名

如果有中文姓名，请填写：

中文姓名

考生序号
[0] [1] [2] [3] [4] [5] [6] [7] [8] [9]
[0] [1] [2] [3] [4] [5] [6] [7] [8] [9]
[0] [1] [2] [3] [4] [5] [6] [7] [8] [9]
[0] [1] [2] [3] [4] [5] [6] [7] [8] [9]
[0] [1] [2] [3] [4] [5] [6] [7] [8] [9]

---请填写考点信息---

考点代码
[0] [1] [2] [3] [4] [5] [6] [7] [8] [9]
[0] [1] [2] [3] [4] [5] [6] [7] [8] [9]
[0] [1] [2] [3] [4] [5] [6] [7] [8] [9]
[0] [1] [2] [3] [4] [5] [6] [7] [8] [9]
[0] [1] [2] [3] [4] [5] [6] [7] [8] [9]
[0] [1] [2] [3] [4] [5] [6] [7] [8] [9]

国籍
[0] [1] [2] [3] [4] [5] [6] [7] [8] [9]
[0] [1] [2] [3] [4] [5] [6] [7] [8] [9]
[0] [1] [2] [3] [4] [5] [6] [7] [8] [9]

年龄
[0] [1] [2] [3] [4] [5] [6] [7] [8] [9]
[0] [1] [2] [3] [4] [5] [6] [7] [8] [9]

性别　　男 [1]　　女 [2]

注意　请用2B铅笔这样写：■

一、听力

1. [√] [×]
2. [√] [×]
3. [√] [×]
4. [√] [×]
5. [√] [×]

6. [√] [×]
7. [√] [×]
8. [√] [×]
9. [√] [×]
10. [√] [×]

11. [A] [B] [C] [D] [E] [F]
12. [A] [B] [C] [D] [E] [F]
13. [A] [B] [C] [D] [E] [F]
14. [A] [B] [C] [D] [E] [F]
15. [A] [B] [C] [D] [E] [F]

16. [A] [B] [C] [D] [E] [F]
17. [A] [B] [C] [D] [E] [F]
18. [A] [B] [C] [D] [E] [F]
19. [A] [B] [C] [D] [E] [F]
20. [A] [B] [C] [D] [E] [F]

21. [A] [B] [C]
22. [A] [B] [C]
23. [A] [B] [C]
24. [A] [B] [C]
25. [A] [B] [C]

26. [A] [B] [C]
27. [A] [B] [C]
28. [A] [B] [C]
29. [A] [B] [C]
30. [A] [B] [C]

31. [A] [B] [C]
32. [A] [B] [C]
33. [A] [B] [C]
34. [A] [B] [C]
35. [A] [B] [C]

二、阅读

36. [A] [B] [C] [D] [E] [F]
37. [A] [B] [C] [D] [E] [F]
38. [A] [B] [C] [D] [E] [F]
39. [A] [B] [C] [D] [E] [F]
40. [A] [B] [C] [D] [E] [F]

41. [A] [B] [C] [D] [E] [F]
42. [A] [B] [C] [D] [E] [F]
43. [A] [B] [C] [D] [E] [F]
44. [A] [B] [C] [D] [E] [F]
45. [A] [B] [C] [D] [E] [F]

46. [√] [×]
47. [√] [×]
48. [√] [×]
49. [√] [×]
50. [√] [×]

51. [A] [B] [C] [D] [E] [F]
52. [A] [B] [C] [D] [E] [F]
53. [A] [B] [C] [D] [E] [F]
54. [A] [B] [C] [D] [E] [F]
55. [A] [B] [C] [D] [E] [F]

56. [A] [B] [C] [D] [E] [F]
57. [A] [B] [C] [D] [E] [F]
58. [A] [B] [C] [D] [E] [F]
59. [A] [B] [C] [D] [E] [F]
60. [A] [B] [C] [D] [E] [F]

2級第1回

聴力試験・・・・・・・・・・ P.22 ~ P.26
disk1 track 1~6

読解試験・・・・・・・・・・ P.27 ~ P.32

第1回 1 听 力

第1部分

第1-10题

例如:  ✓    ✗

1.

2.

3.

4.

5.

6.

7.

8.

9.

10.

第 2 部分

第 11-15 题

A

B

C

D

E

F

例如： 男：你 喜欢 什么 运动？
　　　 女：我 最 喜欢 踢 足球。　　　　D

11.

12.

13.

14.

15.

第 16-20 题

A

B

C

D

E

16.

17.

18.

19.

20.

第 3 部分

第 21-30 题

例如： 男：小王，这里有几个杯子，哪个是你的？
Xiǎo Wáng, zhèli yǒu jǐ ge bēizi, nǎge shì nǐ de?

女：左边那个红色的是我的。
Zuǒbian nàge hóngsè de shì wǒ de.

问：小王的杯子是什么颜色的？
Xiǎo Wáng de bēizi shì shénme yánsè de?

A 红色 (hóngsè) ✓   B 黑色 (hēisè)   C 白色 (báisè)

21. A 今天中午 (jīntiān zhōngwǔ)   B 明天中午 (míngtiān zhōngwǔ)   C 后天中午 (hòutiān zhōngwǔ)

22. A 丈夫 (zhàngfu)   B 医生 (yīshēng)   C 朋友 (péngyou)

23. A 茶 (chá)   B 牛奶 (niúnǎi)   C 咖啡 (kāfēi)

24. A 医院 (yīyuàn)   B 学校 (xuéxiào)   C 商店 (shāngdiàn)

25. A 昨天 (zuótiān)   B 上个月 (shàng ge yuè)   C 去年 (qùnián)

26. A 很好吃 (hěn hǎochī)   B 很好笑 (hěn hǎoxiào)   C 很好听 (hěn hǎotīng)

27. A 累了 (lèi le)   B 天阴了 (tiān yīn le)   C 天气太热 (tiānqì tài rè)

28. A 房间里 (fángjiān li)   B 飞机上 (fēijī shàng)   C 出租车上 (chūzūchē shàng)

29. A 椅子 (yǐzi)   B 桌子 (zhuōzi)   C 自行车 (zìxíngchē)

30. A 药 (yào)   B 羊肉 (yángròu)   C 米饭 (mǐfàn)

第 4 部分

第 31-35 题

例如： 女：请在这儿写您的名字。

男：是这儿吗？

女：不是，是这儿。

男：好，谢谢。

问：男的要写什么？

A 名字 ✓　　　B 时间　　　C 房间号

31. A 下雨了　　　B 下雪了　　　C 天晴了

32. A 水果店　　　B 饭店里　　　C 妹妹家

33. A 弟弟　　　B 服务员　　　C 汉语老师

34. A 游泳　　　B 起床　　　C 打篮球

35. A 要卖报纸　　　B 要去上课　　　C 要去唱歌

2 阅 读

第 1 部分

第 36-40 题

A

B

C

D

E

F

例如： Měi ge xīngqīliù, wǒ dōu qù dǎ lánqiú.
每 个 星期六，我 都 去 打 篮球。　　D

36. Wǒ mèimei jīntiān pǎole ge dì-yī, tā fēicháng gāoxìng.
我 妹妹 今天 跑了 个 第一，她 非常 高兴。

37. Zhège tí wǒ huì zuò, nǐ ràng wǒ zài xiǎngyixiǎng.
这个 题 我 会 做，你 让 我 再 想一想。

38. Mā, zhège sòng gěi nín, shēngrì kuàilè!
妈，这个 送 给 您，生日 快乐！

39. Nàge xiǎo māo zài kàn shénme ne?
那个 小 猫 在 看 什么 呢？

40. Bǐyibǐ, nǐmen sān ge shéi zuì gāo?
比一比，你们 三 个 谁 最 高？

第2部分

第41-45题

A 时间(shíjiān)　B 机场(jīchǎng)　C 开始(kāishī)　D 生病(shēngbìng)　E 贵(guì)　F 从(cóng)

例如：这儿的羊肉很好吃，但是也很（ E ）。

41. 对不起，我现在很忙，没（　　）。

42. 电影就要（　　）了，你们快点儿进去吧。

43. 喂，我已经（　　）教室出来了，你在哪儿呢？

44. 妻子（　　）了，他一个晚上都没睡觉。

45. 女：请问，这儿离（　　）还远吗？
    男：不远了，再有10分钟就到了。

第 3 部分

第 46-50 题

例如：现在是 11 点 30 分，他们已经游了 20 分钟了。

★他们 11 点 10 分开始游泳。 (✓)

我会跳舞，但跳得不怎么样。

★她跳得非常好。 (✗)

46. 有些人喜欢早上起床后喝一杯水，因为早上喝水对身体非常好。

★早上喝水对身体不好。 ( )

47. 我这次住的旅馆在火车站旁边，也不贵，我觉得很不错，下次来我还住那儿。

★那家旅馆离火车站很近。 ( )

48. 儿子，你每天运动的时间太少了，明天早上和我一起去跑步吧。

★他想让儿子多运动。 ( )

49. 等考完试，我们准备去北京玩儿两天，你去不去？

　　★他正在北京旅游。　　　　　　　　　　（　　）

50. 这个电影很长，有两个多小时，一张票120元，
　　学生票70元。

　　★学生票便宜。　　　　　　　　　　　　（　　）

第 4 部分

第 51-55 题

A. Wǒ juéde xiěde fēicháng hǎo, wǒ xiānsheng yě hěn xǐhuan.
   我 觉得 写得 非常 好，我 先生 也 很 喜欢。

B. Duìbuqǐ, lǎoshī, wǒ méi tīngdǒng.
   对不起，老师，我 没 听懂。

C. Zǎo diǎnr xiūxi, míngtiān shàngwǔ 9 diǎn jiàn.
   早 点儿 休息，明天 上午 9 点 见。

D. Gē, nǐ de diànnǎo tài màn le.
   哥，你 的 电脑 太 慢 了。

E. Tā zài nǎr ne? Nǐ kànjiàn tā le ma?
   他 在 哪儿 呢？你 看见 他 了 吗？

F. Xièxie nǐ gàosu wǒ zhè jiàn shìqing.
   谢谢 你 告诉 我 这 件 事情。

例如： Tā hái zài jiàoshì li xuéxí.
     他 还 在 教室 里 学习。   [E]

51. Qǐng nǐ lái huídá zhège wèntí hǎobuhǎo?
    请 你 来 回答 这个 问题 好不好？   [ ]

52. Zhè yǐjīng bǐ qián jǐ tiān kuàiduō le.
    这 已经 比 前 几 天 快多 了。   [ ]

53. Jīntiān wánr le yì tiān, lèile ba?
    今天 玩儿 了 一 天，累了 吧？   [ ]

54. Búkèqi, xīwàng néng duì nǐ yǒu bāngzhù.
    不客气，希望 能 对 你 有 帮助。   [ ]

55. Nǐ sòng wǒ de nà běn shū wǒ yǐjīng dúwán le.
    你 送 我 的 那 本 书 我 已经 读完 了。   [ ]

第 56-60 题

A 你 知道 "姓" 怎么 写 吗？

B 我 在 路 上 买了 点儿 苹果。

C 你 怎么 会 认识 那个 孩子？

D 颜色 不错，比 黑 的 好看。

E 你 好，请 问 李 小姐 住 哪个 房间？

56. 左边 是 "女" 字，右边 是 "生" 字。 ☐

57. 我 想 买 手机，你 看 这个 红 的 怎么样？ ☐

58. 给 我 吧，我 去 洗洗。 ☐

59. 他 是 女儿 的 同学，来过 我们 家。 ☐

60. 507，左边 第一 个。 ☐

2級第2回

聴力試験・・・・・・・・・・ P.34 ~ P.38
　　　　　　　　　　 disk1 track 7~12

読解試験・・・・・・・・・・ P.39 ~ P.44

第2回　1 听　力

第 1 部分

第 1-10 题

例如：  ✓　　 ✗

1. 　　2.

3. 　　4.

5. 　　6.

7. 　　8.

9. 　　10.

第 2 部分

第 11-15 题

A

B

C

D

E

F

例如： 男：Nǐ xǐhuan shénme yùndòng?
你 喜欢 什么 运动？

女：Wǒ zuì xǐhuan tī zúqiú.
我 最 喜欢 踢 足球。   D

11.

12.

13.

14.

15.

第 16-20 题

A

B

C

D

E

16.
17.
18.
19.
20.

第 3 部分

第 21-30 题

例如： 男：小王，这里有几个杯子，哪个是你的？
　　　 女：左边那个红色的是我的。
　　　 问：小王的杯子是什么颜色的？

　　　 A 红色 ✓　　　B 黑色　　　C 白色

21. A 晴天　　　　　B 阴天　　　　　C 下雨了

22. A 13：00　　　　B 14：00　　　　C 15：00

23. A 去游泳了　　　B 去买票了　　　C 去买报纸了

24. A 很贵　　　　　B 太大　　　　　C 不好吃

25. A 电视　　　　　B 手机　　　　　C 自行车

26. A 姐姐的　　　　B 妹妹的　　　　C 女儿的

27. A 向后看　　　　B 坐船去　　　　C 去年来过

28. A 生病了　　　　B 走错路了　　　C 上班晚了

29. A 120元　　　　 B 1020元　　　　C 1200元

30. A 学校　　　　　B 公司　　　　　C 商店

第 4 部分

第 31-35 题

例如： 女：Qǐng zài zhèr xiě nín de míngzi.
　　　　请 在 这儿 写 您 的 名字。

　　　男：Shì zhèr ma?
　　　　是 这儿 吗？

　　　女：Bú shì, shì zhèr.
　　　　不 是，是 这儿。

　　　男：Hǎo, xièxie.
　　　　好，谢谢。

　　　问：Nánde yào xiě shénme?
　　　　男的 要 写 什么？

　　　A míngzi 名字 ✓　　B shíjiān 时间　　C fángjiān hào 房间 号

31. A xiǎng chī dōngxi 想 吃 东西　　B hái méi yùndòng 还 没 运动　　C yào zhǔnbèi kǎoshì 要 准备 考试

32. A jīchǎng 机场　　B huǒchēzhàn 火车站　　C diànyǐngyuàn 电影院

33. A yú 鱼　　B niúròu 牛肉　　C yángròu 羊肉

34. A háizi 孩子　　B tóngxué 同学　　C xuésheng 学生

35. A yīshēng 医生　　B lǎoshī 老师　　C fúwùyuán 服务员

第 2 回

2 阅 读

第 1 部分

第 36-40 题

A

B

C

D

E

F

例如： _{Měi ge xīngqīliù, wǒ dōu qù dǎ lánqiú.}
每 个 星期六，我 都 去 打 篮球。　　D

36． _{Wèishénme tā de bǐ wǒ de duō?}
为 什么 她 的 比 我 的 多？

37． _{Zhè jiàn hóngsè de hěn piàoliang, mǎi zhè jiàn ba.}
这 件 红色 的 很 漂亮，买 这 件 吧。

38． _{Dōu zhème wǎn le, tā kěnéng bú huì dǎ diànhuà le.}
都 这么 晚 了，他 可能 不 会 打 电话 了。

39． _{Zhè běn shū xiěde zhēn yǒuyìsi.}
这 本 书 写得 真 有意思。

40． _{Cuò le, zuǒbian de shì gēge, yòubian zhège shì dìdi.}
错 了，左边 的 是 哥哥，右边 这个 是 弟弟。

第 2 部分

第 41-45 题

A 第一 dì-yī   B 跑步 pǎobù   C 张 zhāng   D 给 gěi   E 贵 guì   F 已经 yǐjīng

例如：这儿的羊肉很好吃，但是也很（ E ）。

41. 旁边那个教室还少一（　　）桌子。

42. 明天早上我们去（　　）吧。

43. 你知道吗？这是我（　　）次看见下雪。

44. 服务员，请（　　）我一杯咖啡，谢谢。

45. 女：你来北京多长时间了？
男：我07年就来北京了，到现在（　　）5年了。

第 3 部分

第 46-50 题

例如：现在是 11 点 30 分，他们已经游了 20 分钟了。

★他们 11 点 10 分开始游泳。　　　　　　　　　　(✓)

我会跳舞，但跳得不怎么样。

★她跳得非常好。　　　　　　　　　　　　　　　(✗)

46. 因为颜老师生病了，所以这几天不能给大家上汉语课了。

★颜老师是汉语老师。　　　　　　　　　　　　　(　)

47. 那儿非常冷，比北京冷多了，你现在去旅游，要多穿点儿衣服。

★那儿现在很热。　　　　　　　　　　　　　　　(　)

48. 大家都知道吃水果对身体好，但是很多人都不知道吃水果最好的时间是早上。

★晚上吃水果最好。　　　　　　　　　　　　　　(　)

49. 我昨天去找他踢足球,他不在家,听他姐姐说他和朋友一起去唱歌了。

★他们昨天去跳舞了。　　　　　　　　　　　(　　)

50. 小李,欢迎你来我们公司。工作中有什么不懂的事情都可以来问我,不要客气。

★他希望能帮助小李。　　　　　　　　　　　(　　)

第 4 部分

第 51-55 题

A 我 来 介绍 一下，这 是 我 先生。

B 我 很 少 打 篮球，打得 不 太 好。

C 我 想 送 她 一 块儿 手表。

D 中午 去 饭馆儿 吃，怎么样？

E 他 在 哪儿 呢？你 看见 他 了 吗？

F 不 近，坐 公共汽车 要 一 个 多 小时 呢。

例如： 他 还 在 教室 里 学习。　　E

51. 别 去 外面 了，我们 在 家 做 吧。　　☐

52. 没关系，和 我们 一起 去 玩儿 吧。　　☐

53. 那 家 医院 离 这儿 远 吗？　　☐

54. 下 个 星期二 是 妈妈 的 生日。　　☐

55. 您 好，很 高兴 认识 您。　　☐

第 56-60 题

A 你买苹果了？多少钱一斤？

B 你让他说吧，是他告诉我的。

C 是，早上起床晚了，出门的时候已经8点了。

D 这也是要洗的吗？

E 没，她喝完牛奶就睡觉了。

56. 3块，很便宜。 ☐

57. 你在笑什么？什么事这么好笑？ ☐

58. 女儿呢？还在看书吗？ ☐

59. 不，那件黑色的还没穿过呢。 ☐

60. 你坐出租车来的？ ☐

2級第3回

問題

聴力試験 ……………… P.46 ～ P.50
　　　　　　　　　　　disk1 track 13~18

読解試験 ……………… P.51 ～ P.56

第 3 回　1 听　力

第 1 部分

第 1-10 题

例如： ✓ ✗

1. 
2. 
3. 
4. 
5. 
6. 
7. 
8. 
9. 
10.

第 2 部分

第 11-15 题

A

B

C

D

E

F

例如： 男：你 喜欢 什么 运动？
　　　女：我 最 喜欢 踢 足球。　　　D

11.

12.

13.

14.

15.

第 16-20 题

A

B

C

D

E

16.
17.
18.
19.
20.

第 3 部分

第 21-30 题

例如： 男：小王，这里有几个杯子，哪个是你的？
　　　 女：左边那个红色的是我的。

　　　 问：小王的杯子是什么颜色的？

　　　 A 红色 ✓　　　　B 黑色　　　　C 白色

21. A 很大　　　　B 很好吃　　　　C 很便宜

22. A 杯子　　　　B 桌子　　　　C 椅子

23. A 没听懂　　　　B 来过北京　　　　C 想去中国

24. A 3060 元　　　　B 3200 元　　　　C 3600 元

25. A 家里　　　　B 饭馆儿　　　　C 火车站

26. A 阴天　　　　B 下雨了　　　　C 下雪了

27. A 107　　　　B 407　　　　C 704

28. A 在等人　　　　B 在找手机　　　　C 想买苹果

29. A 学校　　　　B 医院后面　　　　C 公司旁边

30. A 生病了　　　　B 不爱喝水　　　　C 没吃东西

第 4 部分

第 31-35 题

例如： 女：Qǐng zài zhèr xiě nín de míngzi.
请 在 这儿 写 您 的 名字。

男：Shì zhèr ma?
是 这儿 吗？

女：Bú shì, shì zhèr.
不 是，是 这儿。

男：Hǎo, xièxie.
好，谢谢。

问：Nánde yào xiě shénme?
男的 要 写 什么？

A 名字 míngzi ✓　　B 时间 shíjiān　　C 房间 号 fángjiān hào

31. A 跳舞 tiàowǔ　　B 唱歌 chànggē　　C 看 电视 kàn diànshì

32. A 12 月 yuè　　B 10 月 yuè　　C 2 月 yuè

33. A 坐 船 zuò chuán　　B 坐 飞机 zuò fēijī　　C 坐 火车 zuò huǒchē

34. A 太 小 了 tài xiǎo le　　B 很 漂亮 hěn piàoliang　　C 颜色 不 好 yánsè bù hǎo

35. A 她弟弟 tā dìdi　　B 她 同学 tā tóngxué　　C 她 学生 tā xuésheng

第3回 2 阅 读

第1部分

第36-40题

A B

C  D

E  F

例如： Měi ge xīngqīliù, wǒ dōu qù dǎ lánqiú.
每 个 星期六，我 都 去 打 篮球。 D

36. Chūzūchē! Zhèli!
出租车！ 这里！

37. Bié shuōhuà, érzi zài shuìjiào ne.
别 说话，儿子 在 睡觉 呢。

38. Nǐ bāng wǒ kàn yíxià, zhège zì zěnme dú?
你 帮 我 看 一下，这个 字 怎么 读？

39. Nǐmen qù shāngdiàn le? Mǎile zhème duō dōngxi.
你们 去 商店 了？ 买了 这么 多 东西。

40. Búkèqi, xiānsheng, qǐng wèn nín hái yǒu bié de wèntí ma?
不客气， 先生， 请 问 您 还 有 别 的 问题 吗？

第 2 部分

第 41-45 题

A 完   B 介绍   C 快乐   D 穿   E 贵   F 号

例如：这儿的羊肉很好吃，但是也很（ E ）。

41. 我给大家（　　）一下，这是我妻子，高晴。

42. 外面冷，你出门的时候多（　　）件衣服。

43. 希望你在新的一年里天天（　　）。

44. 等我忙（　　）了再给你打电话，好吗？

45. 女：爸，你哪天回来？

　　男：我9（　　）中午就到家了。

第 3 部分

第 46-50 题

例如：现在是 11 点 30 分，他们已经游了 20 分钟了。

★他们 11 点 10 分开始游泳。　　　　　　　　　(✓)

我会跳舞，但跳得不怎么样。

★她跳得非常好。　　　　　　　　　　　　　　(✗)

46. 这几个颜色我都非常喜欢，买哪个好呢？你来帮我看看。

★他不喜欢那些颜色。　　　　　　　　　　　　(　　)

47. 我回去了，今天谢谢你们，下次欢迎你们到我家去玩儿，再见。

★他准备回去了。　　　　　　　　　　　　　　(　　)

48. 我妹妹明天有考试，正在房间里看书呢。你等等，我去帮你叫她。

★妹妹在学习。　　　　　　　　　　　　　　　(　　)

49. 这家店是新开的，咖啡不错，我没事的时候都会来这儿坐坐，喝杯咖啡。

★他觉得那儿的咖啡不好喝。　　　　　　　　　（　　）

50. 这个星期日你有事情吗？我想去医院看眼睛，可以和我一起去吗？

★他想星期天去医院。　　　　　　　　　　　　（　　）

第 4 部分

第 51-55 题

A 好，我也很长时间没运动了。

B 漂亮吧？这是我哥哥送给我的。

C 鱼很快就做好了。

D 去我房间坐坐，喝杯茶？

E 他在哪儿呢？你看见他了吗？

F 是张老师，他是我们的汉语老师。

例如：他还在教室里学习。　　E

51. 下午一起去踢球？ ☐

52. 你洗洗手，我们准备吃饭吧。 ☐

53. 坐在你前面的这个人是谁？ ☐

54. 不了，走了一天有点儿累，我想回去休息。 ☐

55. 你看，我的新自行车怎么样？ ☐

第 56-60 题

A 都8点了，你怎么还不起床？

B 那些题都做完了吗？

C 是，我从去年就开始上班了。

D 就是前年去北京玩儿的那次。

E 我给你找了一些书，有时间你可以看看。

56. 你已经工作了？

57. 我今天没什么事，让我再睡10分钟。

58. 可能会对你有帮助。

59. 我和我丈夫是旅游时认识的。

60. 还有两个，快了。

2級第4回

問題

聴力試験・・・・・・・・・・ P.58～P.62
disk2 track 1～6

読解試験・・・・・・・・・・ P.63～P.68

第4回   1 听 力

第 1 部分

第 1-10 题

例如： ✓   ✗

1.

2.

3.

4.

5.

6.

7.

8.

9.

10.

第 2 部分

第 11-15 题

A

B

C

D

E

F

例如： 男：Nǐ xǐhuan shénme yùndòng?
　　　　　你 喜欢 什么 运动？

　　　　女：Wǒ zuì xǐhuan tī zúqiú.
　　　　　我 最 喜欢 踢 足球。　　　D

11.

12.

13.

14.

15.

第 16-20 题

A  B  C  D  E

16.
17.
18.
19.
20.

第 3 部分

第 21-30 题

例如： 男：小王，这里有几个杯子，哪个是你的？
（XiǎoWáng, zhèlǐ yǒu jǐ ge bēizi, nǎge shì nǐ de?）

女：左边那个红色的是我的。
（Zuǒbian nàge hóngsè de shì wǒ de.）

问：小王的杯子是什么颜色的？
（XiǎoWáng de bēizi shì shénme yánsè de?）

A 红色 (hóngsè) ✓   B 黑色 (hēisè)   C 白色 (báisè)

21. A 天气热 (tiānqì rè)   B 想游泳 (xiǎng yóuyǒng)   C 要去跳舞 (yào qù tiàowǔ)

22. A 椅子上 (yǐzi shàng)   B 桌子上 (zhuōzi shàng)   C 电脑旁边 (diànnǎo pángbiān)

23. A 4 岁 (suì)   B 10 岁 (suì)   C 14 岁 (suì)

24. A 很累 (hěn lèi)   B 好多了 (hǎo duō le)   C 天晴了 (tiān qíng le)

25. A 朋友 (péngyou)   B 孩子 (háizi)   C 妻子 (qīzi)

26. A 很贵 (hěn guì)   B 很好看 (hěn hǎokàn)   C 帮助不大 (bāngzhù bú dà)

27. A 茶 (chá)   B 床 (chuáng)   C 米饭 (mǐfàn)

28. A 教室 (jiàoshì)   B 饭馆儿 (fànguǎnr)   C 火车站 (huǒchēzhàn)

29. A 上课 (shàngkè)   B 开门 (kāi mén)   C 睡觉 (shuìjiào)

30. A 来晚了 (láiwǎn le)   B 生病了 (shēngbìng le)   C 认错人了 (rèncuò rén le)

第 4 部分

第 31-35 题

例如： 女：Qǐng zài zhèr xiě nín de míngzi.
请 在 这儿 写 您 的 名字。

男：Shì zhèr ma?
是 这儿 吗？

女：Bú shì, shì zhèr.
不 是，是 这儿。

男：Hǎo, xièxie.
好，谢谢。

问：Nánde yào xiě shénme?
男的 要 写 什么？

A míngzi 名字 ✓   B shíjiān 时间   C fángjiān hào 房间 号

31. A xǐ yīfu 洗 衣服   B dǎ diànhuà 打 电话   C kàn bàozhǐ 看 报纸

32. A tài dà le 太 大 了   B hěn piányi 很 便宜   C hěn piàoliang 很 漂亮

33. A Wáng lǎoshī 王 老师   B Lǐ xiǎojiě 李 小姐   C Zhāng yīshēng 张 医生

34. A 5 diǎn 点   B 6 diǎn 点   C 7 diǎn 点

35. A chuán shàng 船 上   B chūzūchē shàng 出租车 上   C gōnggòngqìchē shàng 公共汽车 上

第4回 2 阅 读

第1部分

第36-40题

A  B

C  D

E  F

例如：Měi ge xīngqīliù, wǒ dōu qù dǎ lánqiú.
每个星期六，我都去打篮球。　　D

36. Hòumiàn de tóngxué, nǐmen kuài yìdiǎnr.
后面的同学，你们快一点儿。

37. Dìdi zài tīng gē, tā tīngbujiàn nǐ shuōhuà.
弟弟在听歌，他听不见你说话。

38. Shēngbìng le jiù bié qù shàngbān le, zài jiā xiūxi ba.
生病了就别去上班了，在家休息吧。

39. Jiějie, shēngrì kuàilè!
姐姐，生日快乐！

40. Nà liǎng zhāng diànyǐngpiào ne? Zěnme bú jiàn le?
那两张电影票呢？怎么不见了？

第 2 部分

第 41-45 题

A 走　B 可能　C 累　D 手表　E 贵　F 去年

例如：这儿的羊肉很好吃，但是也很（ E ）。

41. 我丈夫是从（　）开始学习汉语的。

42. 大家（　）了吧？我们到前面坐一下，喝点儿水。

43. 天阴了，（　）要下雨，别出去了。

44. 我家离那儿不远，（　）路10分钟就到。

45. 女：这块儿（　）多少钱？

男：黑色的吗？3070。

第 3 部分

第 46-50 题

例如：现在 是 11 点 30 分，他们 已经 游了 20 分钟 了。

★他们 11 点 10 分 开始 游泳。　　　　　　　　　　（ ✓ ）

我 会 跳舞，但 跳得 不 怎么样。

★她 跳得 非常 好。　　　　　　　　　　　　　　　（ ✗ ）

46. 我 儿子 是 医生，他 每 天 工作 都 很 忙，有 时候 星期六、星期日 也 要 去 医院 上班。

　　★他 儿子 是 老师。　　　　　　　　　　　　　　（ 　 ）

47. 你 姓 "唱"？ 这个 姓 很 少 见，我 是 第一 次 听说。

　　★姓 "唱" 的 人 很 少。　　　　　　　　　　　　（ 　 ）

48. 有 些 人 因为 起床 晚 了，就 不 吃 早饭，这样 做 对 身体 非常 不 好。

　　★不 吃 早饭 对 身体 不 好。　　　　　　　　　　（ 　 ）

49. 我哥去商店买东西了,我也不知道他什么时候回来,你打他手机吧。

　　★哥哥在房间里。　　　　　　　　　　（　　）

50. 小李,听说你现在在北京大学读书,那儿漂亮吗?能给我们介绍一下你的学校吗?

　　★小李在北京上学。　　　　　　　　　（　　）

第 4 部分

第 51-55 题

A 你准备哪天回家？

B 不是，昨天玩儿电脑的时间太长了。

C 对不起，这都是我的错。

D 坐在笑笑旁边那个人是谁？你认识吗？

E 他在哪儿呢？你看见他了吗？

F 您看咖啡可以吗？

例如：他还在教室里学习。 　E

51. 没关系，谁也没想到今天会下雪。

52. 8月9号吧，这儿还有些事情没忙完。

53. 穿白衣服的？是我女儿的同学。

54. 服务员，请给我来一杯热牛奶。

55. 你眼睛怎么红了？晚上没睡好？

第 56-60 题

A 不了，太多了，吃不完。

B 它向那边跑了。

C 有不懂的，可以多问问大家。

D 我看到了，这儿写着呢，一元一斤。

E 我家就在学校旁边。

56. 你看见我的猫了吗？

57. 西瓜不错，怎么卖？

58. 住得这么近，真好！

59. 我们再来个羊肉？

60. 小高，今天是你第一天来公司吧？

2級第5回

問題

聴力試験·········· P.70〜P.74
　　　　　　　　　disk2 track 7〜12

読解試験·········· P.75〜P.80

第 5 回　1 听　力

第 1 部分

第 1-10 题

例如： ✓　　　✗

1.

2.

3.

4.

5.

6.

7.

8.

9.

10.

第 2 部分

第 11-15 题

A

B

C

D

E

F

例如： 男：你 喜欢 什么 运动？
　　　　　Nǐ xǐhuan shénme yùndòng?

　　　女：我 最 喜欢 踢 足球。
　　　　　Wǒ zuì xǐhuan tī zúqiú.　　　D

11.

12.

13.

14.

15.

第 5 回

第 16-20 题

A

B

C

D

E

16.
17.
18.
19.
20.

第 3 部分

第 21-30 题

例如：
男：<ruby>小王<rt>Xiǎo Wáng</rt></ruby>，<ruby>这里<rt>zhèli</rt></ruby> <ruby>有<rt>yǒu</rt></ruby> <ruby>几<rt>jǐ</rt></ruby> <ruby>个<rt>ge</rt></ruby> <ruby>杯子<rt>bēizi</rt></ruby>，<ruby>哪个<rt>nǎge</rt></ruby> <ruby>是<rt>shì</rt></ruby> <ruby>你<rt>nǐ</rt></ruby> <ruby>的<rt>de</rt></ruby>？

女：<ruby>左边<rt>Zuǒbian</rt></ruby> <ruby>那个<rt>nàge</rt></ruby> <ruby>红色<rt>hóngsè</rt></ruby> <ruby>的<rt>de</rt></ruby> <ruby>是<rt>shì</rt></ruby> <ruby>我<rt>wǒ</rt></ruby> <ruby>的<rt>de</rt></ruby>。

问：<ruby>小王<rt>Xiǎo Wáng</rt></ruby> <ruby>的<rt>de</rt></ruby> <ruby>杯子<rt>bēizi</rt></ruby> <ruby>是<rt>shì</rt></ruby> <ruby>什么<rt>shénme</rt></ruby> <ruby>颜色<rt>yánsè</rt></ruby> <ruby>的<rt>de</rt></ruby>？

A <ruby>红色<rt>hóngsè</rt></ruby> ✓   B <ruby>黑色<rt>hēisè</rt></ruby>   C <ruby>白色<rt>báisè</rt></ruby>

21. A <ruby>来晚了<rt>láiwǎn le</rt></ruby>   B <ruby>生病了<rt>shēngbìng le</rt></ruby>   C <ruby>还在睡觉<rt>hái zài shuìjiào</rt></ruby>

22. A <ruby>很热<rt>hěn rè</rt></ruby>   B <ruby>天阴了<rt>tiān yīn le</rt></ruby>   C <ruby>下雨了<rt>xiàyǔ le</rt></ruby>

23. A <ruby>没时间<rt>méi shíjiān</rt></ruby>   B <ruby>想去跳舞<rt>xiǎng qù tiàowǔ</rt></ruby>   C <ruby>小狗不见了<rt>xiǎo gǒu bú jiàn le</rt></ruby>

24. A <ruby>她哥哥<rt>tā gēge</rt></ruby>   B <ruby>她弟弟<rt>tā dìdi</rt></ruby>   C <ruby>她丈夫<rt>tā zhàngfu</rt></ruby>

25. A <ruby>门后<rt>mén hòu</rt></ruby>   B <ruby>椅子上<rt>yǐzi shàng</rt></ruby>   C <ruby>桌子上<rt>zhuōzi shàng</rt></ruby>

26. A 9：01   B 9：05   C 9：06

27. A <ruby>很便宜<rt>hěn piányi</rt></ruby>   B <ruby>很好看<rt>hěn hǎokàn</rt></ruby>   C <ruby>太长了<rt>tài cháng le</rt></ruby>

28. A <ruby>苹果<rt>píngguǒ</rt></ruby>   B <ruby>新年<rt>xīnnián</rt></ruby>   C <ruby>生日<rt>shēngrì</rt></ruby>

29. A <ruby>机场<rt>jīchǎng</rt></ruby>   B <ruby>火车站<rt>huǒchēzhàn</rt></ruby>   C <ruby>饭馆儿<rt>fànguǎnr</rt></ruby>

30. A <ruby>报纸<rt>bàozhǐ</rt></ruby>   B <ruby>电影<rt>diànyǐng</rt></ruby>   C <ruby>汉语书<rt>Hànyǔ shū</rt></ruby>

第 4 部分

第 31-35 题

例如： 女：请在这儿写您的名字。

男：是这儿吗？

女：不是，是这儿。

男：好，谢谢。

问：男的要写什么？

A 名字 ✓   B 时间   C 房间号

31. A 教室   B 商店   C 医院

32. A 工作忙   B 身体不好   C 不爱运动

33. A 鱼   B 羊肉   C 米饭

34. A 两个月   B 12个月   C 一岁多

35. A 走路   B 开车   C 坐公共汽车

第5回 2 阅读

第1部分

第36-40题

A  B

C  D

E  F

例如： Měi ge xīngqīliù, wǒ dōu qù dǎ lánqiú.
每 个 星期六， 我 都 去 打 篮球。   D

36. Tā shì wǒ zuì hǎo de péngyou.
它 是 我 最 好 的 朋友。

37. Hěn gāoxìng nǐmen néng lái, kuài qǐng jìn ba.
很 高兴 你们 能 来， 快 请 进 吧。

38. Xiànzài shì sān gōngjīn duō yìdiǎnr, kěyǐ ma?
现在 是 三 公斤 多 一点儿， 可以 吗？

39. Nǐ xiào shénme ne? Yě gěi wǒ kànkan.
你 笑 什么 呢？ 也 给 我 看看。

40. Jǐ diǎn le? Xuéshēngmen zěnme hái méi dào?
几 点 了？ 学生们 怎么 还 没 到？

第 2 部分

第 41-45 题

A 非常(fēicháng)　B 外面(wàimiàn)　C 生日(shēngrì)　D 向(xiàng)　E 贵(guì)　F 告诉(gàosu)

例如：这儿(Zhèr) 的(de) 羊肉(yángròu) 很(hěn) 好吃(hǎochī)，但是(dànshì) 也(yě) 很(hěn) (E)。

41. 天(Tiān) 晴(qíng) 了(le)，我们(wǒmen) 去(qù) (　) 踢(tī) 球(qiú) 吧(ba)？

42. 姐姐(Jiějie)，(　) 快乐(kuàilè)！这个(Zhège) 送(sòng) 给(gěi) 你(nǐ)。

43. 这(Zhè) 件(jiàn) 事(shì) 是(shì) 谁(shéi) (　) 你(nǐ) 的(de)？

44. 我(Wǒ) (　) 希望(xīwàng) 你(nǐ) 能(néng) 来(lái) 我们(wǒmen) 公司(gōngsī) 上班(shàngbān)。

45. 女：你(Nǐ) 好(hǎo)，请(qǐng) 问(wèn) 火车站(huǒchēzhàn) 怎么(zěnme) 走(zǒu)？

　　男：你(Nǐ) 从(cóng) 这儿(zhèr) (　) 前(qián) 走(zǒu)，十(shí) 几(jǐ) 分钟(fēnzhōng) 就(jiù) 到(dào) 了(le)。

第 3 部分

第 46-50 题

例如：
Xiànzài shì diǎn fēn, tāmen yǐjīng yóule fēnzhōng le.
现在 是 11 点 30 分，他们 已经 游了 20 分钟 了。

Tāmen diǎn fēn kāishǐ yóuyǒng.
★他们 11 点 10 分 开始 游泳。　　　　　　　　(✓)

Wǒ huì tiàowǔ, dàn tiàode bù zěnmeyàng.
我 会 跳舞，但 跳得 不 怎么样。

Tā tiàode fēicháng hǎo.
★她 跳得 非常 好。　　　　　　　　　　　　　　(✗)

---

46. Zhège zìxíngchē yánsè bú cuò, yuán yě bú guì, wǒmen jiù mǎi zhège ba.
这个 自行车 颜色 不 错，300 元 也 不 贵，我们 就 买 这个 吧。

Nàge zìxíngchē bú guì.
★那个 自行车 不 贵。　　　　　　　　　　　　　(　)

47. Duìbuqǐ, xià ge xīngqī yǒu kǎoshì, wǒ yào zhǔnbèi yíxià, suǒyǐ bù néng hé nǐ
对不起，下 个 星期 有 考试，我 要 准备 一下，所以 不 能 和 你

chūqù wánr le.
出去 玩儿 了。

Tā zhèngzài kǎoshì.
★他 正在 考试。　　　　　　　　　　　　　　　(　)

48. Wǒ zhè cì shì zuò fēijī huílai de, liǎng ge xiǎoshí jiù dào jiā le, bǐ zuò huǒchē
我 这 次 是 坐 飞机 回来 的，两 个 小时 就 到 家 了，比 坐 火车

kuàiduō le.
快多 了。

Tā yǐjīng dào jiā le.
★他 已经 到 家 了。　　　　　　　　　　　　　(　)

49. 我觉得住在这儿很好，离学校近，我可以每天走着去上学。

　　★他住得离学校很远。　　　　　　　　　　（　　）

50. 医生说妹妹没什么事，回去吃点儿药，多喝热水，休息几天就会好的。

　　★妹妹的病问题不大。　　　　　　　　　　（　　）

第 4 部分

第 51-55 题

A 我下班后去商店了,买了些牛奶和鸡蛋。

B 对不起,你认错人了,我姓王。

C 不客气,我那儿还有一些,你喜欢就都给你吧。

D 老师,我会。

E 他在哪儿呢?你看见他了吗?

F 不,我现在还不想起床。

例如: 他还在教室里学习。　　　E

51. 请问您是李先生吗?　　　☐

52. 怎么回来得这么晚?　　　☐

53. 别睡了,和我一起去跑步吧。　　　☐

54. 你上次送我的咖啡很好喝,谢谢你。　　　☐

55. 哪个同学能回答这个问题?　　　☐

第 56-60 题

A 不知道，我们打开看看吧。

B 大家都说那个电影很有意思。

C 错了，左边是"月"字，不是"日"。

D 不是，我妻子和女儿去，她们昨天上午就走了。

E 你也在这儿工作？我怎么没见过你？

56. 但是我没看懂。 ☐

57. "服务员"的"服"是这样写吗？ ☐

58. 这里面是什么东西？ ☐

59. 我是新来的，我叫钱雪。 ☐

60. 你们一家人要去北京旅游？ ☐

2級 第1回 解答・解説

聴力試験・・・P.82～P.97
読解試験・・・P.98～P.106
題の解答はP13～P17で紹介しています。

正解一覧

1. 听力

第1部分
1. ×　2. ×　3. ✓　4. ✓　5. ×
6. ✓　7. ×　8. ×　9. ✓　10. ✓

第2部分
11. E　12. F　13. B　14. C　15. A
16. B　17. E　18. A　19. C　20. D

第3部分
21. A　22. C　23. A　24. B　25. A
26. B　27. C　28. C　29. C　30. A

第4部分
31. C　32. B　33. A　34. B　35. B

2. 阅读

第1部分
36. E　37. F　38. C　39. B　40. A

第2部分
41. A　42. C　43. F　44. D　45. B

第3部分
46. ×　47. ✓　48. ✓　49. ×　50. ✓

第4部分
51. B　52. D　53. C　54. F　55. A
56. A　57. D　58. B　59. C　60. E

第1回

1 听力

第1部分 問題 p.22　CD1 ②

[1] 正解 ✗

> **スクリプト**
> Jīntiān de cài hěn hǎochī.
> **今天 的 菜 很 好吃。**
>
> **スクリプト和訳**
> 今日の料理はおいしいです。

[2] 正解 ✗

> **スクリプト**
> Bié shuōhuà le, xiànzài kāishǐ kǎoshì.
> **别 说话 了，现在 开始 考试。**
>
> **スクリプト和訳**
> おしゃべりするのをやめなさい。これから試験を始めます。

[3] 正解 ✓

> **スクリプト**
> Nǐ hǎo, hěn gāoxìng rènshi nǐ!
> **你 好，很 高兴 认识 你！**
>
> **スクリプト和訳**
> こんにちは。知り合えてうれしいです！

4 正解 ✓

スクリプト
Zhè shì zhēn de? Bù kěnéng ba?
这 是 真 的？不 可能 吧？

スクリプト和訳
これは本当ですか？あり得ないでしょう？

5 正解 ✗

スクリプト
Wǒ kànjian tāmen zài tiàowǔ ne.
我 看见 他们 在 跳舞 呢。

スクリプト和訳
私は彼らがダンスを踊っているのを見ました。

6 正解 ✓

スクリプト
Jīntiān shì sānshiyī hào.
今天 是 三十一 号。

スクリプト和訳
今日は31日です。

7 正解 ✗

スクリプト
Tā zuótiān xiàwǔ mǎi le yì zhāng zhuōzi.
他 昨天 下午 买 了 一 张 桌子。

スクリプト和訳
彼は昨日の午後机を1つ買いました。

8 正解 ✗

スクリプト
Zhè ge shǒujī shì sònggěi nǐ de, xīwàng nǐ xǐhuan.
这个手机是送给你的，希望你喜欢。

スクリプト和訳
この携帯電話はあなたに贈るものです。気に入ってくれるといいのですが。

9 正解 ✓

スクリプト
Wàimian lěng, chuānhǎo yīfu zài chūqu.
外面冷，穿好衣服再出去。

スクリプト和訳
外は寒いですよ。しっかり服を着てから出かけてください。

10 正解 ✓

スクリプト
Nǐ de yǎnjing zěnme le?
你的眼睛怎么了？

スクリプト和訳
あなたの目、どうしたのですか？

第2部分 　問題 p.23 ～ p.24

11　正解 **E**

> **スクリプト**
> 女：回去 吧，再 见。
> 　　Huíqù ba, zài jiàn.
> 男：再 见，欢迎 你们 下次 再 来。
> 　　Zài jiàn, huānyíng nǐmen xiàcì zài lái.
>
> **スクリプト和訳**
> 女：ここでいいです（直訳：帰ってください）。さようなら。
> 男：さようなら。皆さんまた来てくださいね。

12　正解 **F**

> **スクリプト**
> 男：小 狗 没 吃 东西？
> 　　Xiǎo gǒu méi chī dōngxi?
> 女：是，它 可能 生病 了。
> 　　Shì, tā kěnéng shēngbìng le.
>
> **スクリプト和訳**
> 男：子犬は物を食べていないのですか？
> 女：ええ、どうやら病気になっているようです。

13　正解 **B**

> **スクリプト**
> 女：你 觉得 这 件 怎么样？
> 　　Nǐ juéde zhè jiàn zěnmeyàng?
> 男：还 可以，会 不 会 有 点儿 大？
> 　　Hái kěyǐ, huì bu huì yǒu diǎnr dà?
>
> **スクリプト和訳**
> 女：この（服）どう思いますか？
> 男：まあまあですが、少し大きくないですか？

14 正解 C

スクリプト

男：你姐姐在做什么呢？
Nǐ jiějie zài zuò shénme ne?

女：她在那儿看书呢，我去叫她。
Tā zài nàr kàn shū ne, wǒ qù jiào tā.

スクリプト和訳

男：あなたのお姉さんは何をしていますか？
女：彼女はあそこで本を読んでいます。私は彼女を呼んできます。

15 正解 A

スクリプト

女：你买鸡蛋了吗？
Nǐ mǎi jīdàn le ma?

男：买了，在桌子上。
Mǎi le, zài zhuōzi shang.

スクリプト和訳

女：あなたは鶏卵を買いましたか？
男：買いましたよ。机の上にあります。

16 正解 B

スクリプト

男：你介绍得非常好，对我们很有帮助。
Nǐ jièshào de fēicháng hǎo, duì wǒmen hěn yǒu bāngzhù.

女：真的吗？那就好。
Zhēn de ma? Nà jiù hǎo.

スクリプト和訳

男：いい紹介をしてくれました。私たちにとって大きな助けとなりました。
女：本当ですか？それはよかったです。

17　正解 E

スクリプト

女：你怎么了？一个人坐着想什么呢？
男：没关系，我在想公司的一些事情。

スクリプト和訳

女：どうしたのですか？1人で座って何を考えているのですか？
男：なんでもありません。会社のことを少し考えているのです。

18　正解 A

スクリプト

男：西瓜多少钱一斤？
女：一块二，很便宜。

スクリプト和訳

男：スイカは500gいくらですか？
女：1.2元です。安いですよ。

19　正解 C

スクリプト

女：向右开，走这边儿近。
男：我知道，但是这儿不让向右开。

スクリプト和訳

女：右に行ってください。こちらに行くと近いのです。
男：知っています。でもここは右に行ってはいけないのです。

20 正解 **D**

> **スクリプト**
>
> 男：你的东西就这么点儿？
> Nǐ de dōngxi jiù zhème diǎnr?
>
> 女：是，门外面还有两个椅子。
> Shì, mén wàimian hái yǒu liǎng ge yǐzi.
>
> **スクリプト和訳**
>
> 男：あなたの荷物はたったのこれだけですか？
> 女：はい。ドアの外にあと椅子が2脚あります。

第3部分 問題 p.25 CD① 4

21 正解 A

スクリプト

女：Nǐ yào qù Zhōngguó? Nǎtiān de fēijī?
　　你 要 去 中国 ？ 哪天 的 飞机 ？
男：Jiù shì jīntiān zhōngwǔ.
　　就 是 今天 中午。
问：Nán de shénme shíhou qù Zhōngguó?
　　男 的 什么 时候 去 中国 ？

スクリプト和訳

女：あなたは中国に行くのですか？何日の飛行機ですか？
男：なんと今日のお昼です。
問題：男性はいつ中国に行きますか？

選択肢和訳

A 今日の昼　　B 明日の昼　　C 明後日の昼

22 正解 C

スクリプト

男：Zài yǒu shí fēnzhōng chuán jiù yào kāi le, nǐ péngyou zěnme hái méi dào?
　　再 有 十 分钟 船 就 要 开 了, 你 朋友 怎么 还 没 到 ？
女：Wǒ yě bù zhīdào, wǒ gěi tā dǎ ge diànhuà wènwen.
　　我 也 不 知道, 我 给 他 打 个 电话 问问。
问：Nǚ de yào gěi shéi dǎ diànhuà?
　　女 的 要 给 谁 打 电话 ？

スクリプト和訳

男：あと10分で船が出発します。あなたの友達はなぜまだ来ないのですか？
女：私も知りません。電話して聞いてみます。
問題：女性は誰に電話をしようとしていますか？

選択肢和訳

A 夫　　B 医者　　C 友達

23 正解 A

スクリプト

女：你喜欢喝咖啡吗？
男：不太喜欢，我爱喝茶。
问：男的爱喝什么？

スクリプト和訳

女：あなたはコーヒーを飲むのが好きですか？
男：そんなに好きではありません。私はお茶を飲むのが好きです。
問題：男性は何を飲むのが好きですか？

選択肢和訳

A　お茶　　B　牛乳　　C　コーヒー

24 正解 B

スクリプト

男：白老师，您来这个学校多少年了？
女：我二十四岁就来这个学校了，到现在有三十多年了。
问：女的在哪儿工作？

スクリプト和訳

男：白先生、この学校においでになって何年くらいですか？
女：私は24歳でこの学校に来ましたから、現在までのところ30数年になります。
問題：女性はどこで働いていますか？

選択肢和訳

A　病院　　B　学校　　C　お店

25 正解 A

スクリプト

女：Nǐ zhǎodào nǐ de shǒubiǎo le?
　　你 找到 你 的 手表 了？
男：Méi yǒu, zhè shì wǒ zuótiān xīn mǎi de.
　　没 有，这 是 我 昨天 新 买 的。
问：Nà kuàir xīn biǎo shì shénme shíhou mǎi de?
　　那 块儿 新 表 是 什么 时候 买 的？

スクリプト和訳

女：あなたの腕時計は見つかったのですか？
男：いいえ。これは私が昨日新たに買ったものです。
問題：その新しい時計はいつ買ったのですか？

選択肢和訳

A 昨日　　B 先月　　C 去年

26 正解 B

スクリプト

男：Shì zhēn de ma? Nà tài yǒu yìsi le.
　　是 真 的 吗？那 太 有 意思 了。
女：Shì zhēn de, wǒ yě juéde hěn hǎoxiào.
　　是 真 的，我 也 觉得 很 好笑。
问：Tāmen juéde zěnmeyàng?
　　他们 觉得 怎么样？

スクリプト和訳

男：本当ですか？だとしたらすごく面白いですね。
女：本当ですよ。私もおかしいと思います。
問題：彼らはどう思っていますか？

選択肢和訳

A　おいしい　　B　おかしい　　C　（音が）美しい

27 正解 C

スクリプト

女：Nǐ zěnme huílái le? Méi qù tī zúqiú?
　　你 怎么 回来 了？没 去 踢 足球？
男：Tiānqì tài rè le, suǒyǐ dàjiā dōu huíqù le.
　　天气 太 热 了，所以 大家 都 回去 了。
问：Nán de wèi shénme huílái le?
　　男 的 为 什么 回来 了？

スクリプト和訳

女：どうして帰ってきたの？サッカーをしに行かなかったの？
男：気候が暑すぎて、みんな帰っていったんだ。
問題：男性はどうして帰ってきたのですか？

選択肢和訳

A　疲れた　　B　曇った　　**C　気候が暑い**

28 正解 C

スクリプト

男：Nǐ dào nǎr le?
　　你 到 哪儿 了？
女：Wǒ zài chūzūchē shang, wǔ fēnzhōng hòu jiù dào.
　　我 在 出租车 上，五 分钟 后 就 到。
问：Nǚ de xiànzài zài nǎr?
　　女 的 现在 在 哪儿？

スクリプト和訳

男：あなたはどこに行ってしまったのですか？
女：私はタクシーの中にいます。5分後に到着します。
問題：女性は今どこにいますか？

選択肢和訳

A　部屋の中　　B　飛行機の中　　**C　タクシーの中**

29 正解 C

スクリプト

女：爸爸，这个自行车怎么样？
　　Bàba, zhè ge zìxíngchē zěnmeyàng?
男：很漂亮，你喜欢吗？
　　Hěn piàoliang, nǐ xǐhuan ma?
问：他们在看什么？
　　Tāmen zài kàn shénme?

スクリプト和訳

　女：お父さん、この自転車どう？
　男：きれいだね。気に入ったのかい？
問題：彼らは何を見ているのですか？

選択肢和訳

A　椅子　　B　机　　**C　自転車**

30 正解 A

スクリプト

男：吃药了吗？
　　Chī yào le ma?
女：还没呢，吃完饭一个小时后吃。
　　Hái méi ne, chīwán fàn yí ge xiǎoshí hòu chī.
问：男的让女的吃什么？
　　Nán de ràng nǚ de chī shénme?

スクリプト和訳

　男：薬は飲みましたか？
　女：まだです。ご飯を食べて1時間後に飲みます。
問題：男性は女性に何を食べさ（飲ま）せようとしていますか？

選択肢和訳

A　薬　　B　羊肉（料理）　　C　お米のご飯

第4部分　問題 p.26

31　正解 C

スクリプト

男：Tiān qíng le, wǒmen chūqù zǒuzou ba.
　　天 晴 了，我们 出去 走走 吧。
女：Wǒ xiǎng zài jiā kàn diànshì.
　　我 想 在 家 看 电视。
男：Huílái zài kàn?
　　回来 再 看？
女：Hǎo ba, nà nǐ děng wǒ yíxià, wǒ qù chuān jiàn yīfu.
　　好 吧，那 你 等 我 一下，我 去 穿 件 衣服。
问：Wàimian tiānqì zěnmeyàng?
　　外面 天气 怎么样？

スクリプト和訳

男：晴れたね。ちょっと外に歩きに行こうか。
女：私は家でテレビを見ていたいのよ。
男：帰ってきてから見れば？
女：分かったわ。では少し私を待ってて。服を着替えに行ってくるわ。
問題：外の天気はどうですか？

選択肢和訳　A　雨が降ってきた　　B　雪が降ってきた　　C　空が晴れた

32 正解 B

スクリプト

女：Wǒmen yào le jǐ ge cài le?
　　我们 要 了 几 个 菜 了？
男：Wǒ kànkan, xiànzài shì qī ge.
　　我 看看, 现在 是 七 个。
女：Hǎo, zài yào yí ge yú jiù kěyǐ le, jiù zhè xiē, xièxie.
　　好, 再 要 一 个 鱼 就 可以 了, 就 这 些, 谢谢。
男：Bú kèqi.
　　不 客气。
问：Tāmen zuì kěnéng zài nǎr?
　　他们 最 可能 在 哪儿？

スクリプト和訳

女：私たち料理を何品頼みましたか？
男：ちょっと見てみますね。今7品ですね。
女：分かりました。魚（料理）をもう1品頼めばもういいです。これで全部です。ありがとうございます。
男：いいえ。
問題：彼らはどこにいる可能性が最も高いでしょうか？

選択肢和訳　A 果物屋　　B ホテルの中　　C 妹の家

33 正解 A

スクリプト

男：Nǐ kàn nà kuàir shǒubiǎo zěnmeyàng?　Wǒ dìdi huì bu huì xǐhuan?
　　你 看 那 块儿 手表 怎么样？ 我 弟弟 会 不 会 喜欢？
女：Hěn piàoliang, dànshì tài guì le.
　　很 漂亮, 但是 太 贵 了。
男：Liǎngbǎi kuài, bú guì.
　　两百 块, 不 贵。
女：Nǐ zài kànkan, nà shì liǎngqiān, nǐ shǎo shuō le yí ge líng.
　　你 再 看看, 那 是 两千, 你 少 说 了 一 个 零。
问：Nán de xiǎng gěi shéi mǎi shǒubiǎo?
　　男 的 想 给 谁 买 手表？

スクリプト和訳

男：ほら、あの腕時計はどうかな？弟は気に入るだろうか？
女：きれいね。でも高すぎるわ。
男：200元、高くないよ。
女：もう一度見てよ。あれは2000よ。ゼロを1つ少なく言ったわ。
問題：男性は誰に腕時計を買いたがっていますか？

選択肢和訳　A 弟　　B 店員　　C 中国語教師

34 正解 B

スクリプト

女：八点了，怎么还不起床？
Bā diǎn le, zěnme hái bù qǐchuáng?

男：让我再睡二十分钟。
Ràng wǒ zài shuì èrshí fēnzhōng.

女：二十分钟？你不去上班了？
Èrshí fēnzhōng? Nǐ bú qù shàngbān le?

男：今天是星期六。
Jīntiān shì xīngqīliù.

问：女的想让男的做什么？
Nǚ de xiǎng ràng nán de zuò shénme?

スクリプト和訳

女：8時になったわよ。なぜまだ起きないの？
男：あと20分寝かせてよ。
女：20分？仕事に行かないの？
男：今日は土曜日だよ。
問題：女性は男性に何をさせたがっていますか？

選択肢和訳

A　泳ぐ　　B　起きる　　C　バスケットボールをする

35 正解 B

スクリプト

男：Míngtiān nǐ qù ma?
　　明天 你 去 吗？
女：Bú qù le, wǒ míngtiān shàngwǔ yǒu kè.
　　不 去 了，我 明天 上午 有 课。
男：Míngtiān xīngqīrì, zěnme hái yǒu kè?
　　明天 星期日，怎么 还 有 课？
女：Shì qù xué kāi chē.
　　是 去 学 开 车。
问：Nǚ de wèi shénme míngtiān bù néng qù?
　　女 的 为 什么 明天 不 能 去？

スクリプト和訳

男：明日あなたは行きますか？
女：行かないことにします。私は明日午前中授業があるのです。
男：明日は日曜日ですよ。なぜまだ授業があるのですか？
女：車の運転を習いに行くのですよ。
問題：女性はなぜ明日行けないのですか？

選択肢和訳

A　新聞を買わなければならない
B　授業に行かなければならない
C　歌を歌いに行かなければならない

2 阅读

> 第**1**部分　問題 p.27

36　正解 E

問題文和訳

私の妹は今日競走で1位をとり、非常に喜んでいます。

> **解説**　"跑" は「走る」だが "跑个第一" で「競走で1位をとる」「かけっこで優勝する」というような意味になる。ゴールテープを切る瞬間のEが正解。

37　正解 F

問題文和訳

この問題、私はできます。私にもう少し考えさせてください。

> **解説**　"题" は問題、命題といった意味。日本で中国語を勉強してきた人は "问题（wèntí）" という単語は見たことがあっても "题" はあまり見たことがないと思うが、漢字から意味を想像しよう。"让我～" は「～させてください」という依頼の言い方。また "想" は「考える」なので、考えるそぶりを見せているFが正解。

38　正解 C

問題文和訳

お母さん、これお母さんに贈ります。誕生日おめでとう！

> **解説**　"送" は「贈る、プレゼントする」という意味。"送给～" で「～に贈る」。最後の "生日快乐" は「誕生日おめでとう」という意味。決まり文句として覚えておこう。正解は、プレゼントらしいものをささげているC。

39　正解 B

問題文和訳

その子猫は何を見ているのでしょうか？

> **解説**　"在" は動詞の前に置くと動作の進行を表す。よってここの "在看" は「見ている」という意味。最後の "呢" も動作の進行を表す。猫が上の方を見ているBが正解。

40 正解 A

問題文和訳

比べてみてください。あなたたち3人で誰が最も背が高いですか？

解説　"比"はここでは「比べる」という動詞。動詞を2回続ける（間に"一"が入ることもある）と「～してみる」というような意味になる。最後の"高"は「背が高い」という意味で使われる。日本語の「最高」は「すごい！」とか「素晴らしい！」のような意味で使われることがあるが、中国語の"最高"は文字通り「最も（背が）高い」という意味なので注意。正解は3人の子供たちが写っているA。

第2部分 問題 p.28

選択肢和訳
A 時間　　　B 空港　　　C 始まる
D 病気になる　E 値段が高い　F ～から

41　正解 A

問題文和訳
すみません。私は今忙しく、[時間]がありません。

> **解説**　"没"の後ろには名詞か動詞が入りうるので、EとFは排除できる。あとは文の意味から考えると、Aを入れて「時間がない」とするのがいいことが分かる。

42　正解 C

問題文和訳
映画が間もなく[始まります]ので、皆さん早くお入りください。

> **解説**　"就要～了"で「もうすぐ～だ」という近未来の言い方になる。カッコには動詞句や形容詞句が入るのでAとBとFは排除できる。あとは文の意味から考えると、「もうすぐ始まる」とするのが最も自然なのでCが正解。

43　正解 F

問題文和訳
もしもし。私はすでに教室[から]出てきましたが、あなたはどこにいるのですか？

> **解説**　"出来"は読んで字のごとく「出て来る」という意味。とすると、ふつうは「～から出て来る」ということになるので「～から」という意味のFが正解。

44 正解 D

問題文和訳

奥さんが［病気になった］ので、彼は一晩中ずっと寝ていない。

> **解説** カッコの前には主語があり、カッコの後ろに"了"があって一度ここで文が切れるので、カッコの中には主に動詞句が入ると考えられる。そうするとCとDが考えられる。文法的にはどちらも入りうるが、後半の文意に合うものをと考えると、Dが正解。

45 正解 B

問題文和訳

女：お尋ねしますが、ここから［空港］までまだ遠いですか？
男：遠くないですよ。あと10分で到着します。

> **解説** "离"は2つの地点（時点）間の隔たりを表す介詞。ここでは"这儿（ここ）"という地点とカッコに入るべき地点との距離が近いか遠いかという話をしている。とするとカッコには場所を表す言葉が入ることがわかる。選択肢の中ではBが場所を表す言葉なので、これが正解。

第3部分　問題 p.29〜p.30

46　正解 ✗

問題文和訳

朝起きた後水を1杯飲むのを好む人々がいますが、（これは）朝水を飲むことが体に非常にいいからです。
★　朝に水を飲むことは体によくありません。

解説　後半ではっきり「朝に水を飲むことが体に非常にいい」と言っており、★の文と合致しないので、正解は「✗」。

47　正解 ✓

問題文和訳

私が今回泊まっている宿は駅のそばにありますし、しかも高くありません。私はとてもよいと思います。今度来たら私はまたあそこに泊まります。
★　その宿は駅から近い。

解説　最初の部分で"在火车站旁边"と言っている。"旁边"は「そば、近く」という意味なので、★の文と内容が合致する。よって正解は「✓」。この記号「✓」は中国では「正解」「合致している」という意味を表す。日本だと「○」とするのと同じ意味を持つ記号であることを知っておこう。

48　正解 ✓

問題文和訳

息子よ、おまえは毎日運動する時間が少なすぎる。明日の朝私と一緒にジョギングに行こう。
★　彼は息子にいっぱい運動させたがっている。

解説　★の文の中の"让"は使役動詞で「〜させる」という意味。"多"は動詞の前に置いて「たくさん〜する」という意味。問題文から発言者（息子の親？）が息子は運動が足りていないのでジョギングに連れ出そうとしていることが分かるので、★の文と合致する。よって正解は「✓」。

49 正解 ✗

問題文和訳

試験が終わったら、私たちは北京に2日間遊びに行くつもりですが、あなたは行きますか？
★ 彼は今北京を旅行している。

> **解説** 問題文の"准备"は「準備する」という動詞の意味もあるが、ここでは「〜するつもりだ、〜する予定だ」という助動詞の意味。つまり未来のことを言っている。★の文では"正在"を使っていて現在進行の文になっているので、内容が合致しない。よって正解は「×」。

50 正解 ✓

問題文和訳

この映画は長いです。2時間あまりあります。チケットは1枚120元です。学生用のチケットは70元です。
★ 学生用チケットは安い。

> **解説** 問題文で、チケットは1枚120元だが学生用チケットは70元ということが書いてある。つまり学生用のチケットのほうが安いので、★の文と内容が合致する。よって正解は「✓」。形容詞は単独で述語になる時、比較のニュアンスが出る。

第4部分　問題 p.31～p.32

51 - 55

選択肢和訳

A　私はよく書けていると思いました。私の夫も気に入りましたよ。
B　すみません、先生。私は聞き取れませんでした。
C　早めに休んでくださいね。明日は午前9時に会いましょう。
D　お兄さん、お兄さんのパソコンは遅すぎます。
E　彼はどこにいますか？あなたは彼を見かけましたか？
F　この件を（私に）教えてくれてありがとうございました。

51　正解 B

問題文和訳

この問題に答えてくれませんか？

解説　ふつう"好不好？"と言われたら"好！""行！（xíng）""不行！（bùxíng）"などと答えるが、選択肢の中にそういうものがない。ここはそもそも先生の言葉が聞こえなかったと言っているBが正解となる。

52　正解 D

問題文和訳

これでもすでに数日前に比べてずっと速くなったんだよ。

解説　この文の述語で"快（速い）"という形容詞が使われているので、選択肢にスピードが速いか遅いかということを言っているものを探す。するとDに"慢（スピードが遅い）"という形容詞が見えるので、これが正解。ちなみに時間が早いのは"早（zǎo）"、時間が遅いのは"晚（wǎn）"というので覚えておこう。

53　正解 C

問題文和訳

今日は一日中遊んだから、疲れたでしょう？

解説　"累"は「疲れる」という意味。"累了吧？"と尋ねられたらふつうはそれに対して肯定もしくは否定をするところだが、選択肢にはそういうものがない。内容から考えてつながりのよいものを探すとCが「早く休む」ように言っていて話がつながるので、Cが正解。

54 正解 F

問題文和訳
いえいえ、あなたの助けになるといいのですが。

> **解説** 冒頭の"不客气"は"谢谢（xièxie）（ありがとう）"と言われた時の返事の言葉として使われることが多い。選択肢ではFで"谢谢"と言っているので、これが正解。

55 正解 A

問題文和訳
あなたが私にくれたあの本は私はもう読み終わりました。

> **解説** 問題文から、何かの本が話題になっていることが読み取れる。そのことを踏まえて選択肢を見ると、Aで"写得非常好（よく書けている）"という言葉が見える。これは、本がよく書けていると言っていると考えて、Aを選ぶ。

56 - 60

選択肢和訳
A 「姓」という字はどう書くか知っていますか？
B 私は途中で少しリンゴを買いました。
C あなたはどうしてあの子供を知っているのですか？
D 色がいいです。黒いのよりきれいです。
E こんにちは。お尋ねしますが李さんはどの部屋に泊まっていますか？

56 正解 A

問題文和訳
左が「女」という字で、右が「生」という字です。

> **解説** 中国でも日本と同じように漢字の書き方を構成要素ごとに説明する。この文は"女"と"生"という字を使う漢字の書き方を説明しているので、Aが正解。Aの文構造は""姓"怎么写"が"知道"の目的語になっていると考える。

57　正解 D

問題文和訳

私は携帯電話を買いたいのですが、この赤いのはどう思いますか？

解説　問題文で「赤いのはどう？」と尋ねていることを考えると、色が話題になっているので、色について話しているものを探す。よってDが正解。Dの中の"不错"は「結構よい、悪くない」というプラス評価の言葉なので注意しよう。

58　正解 B

問題文和訳

私に渡してよ。洗いに行くから。

解説　"给"は基本的に「あげる、与える」という意味で使われるが、完全に所有権が移らなくても、一時的に「渡す」だけの場合もある。ここはその例。何かを受け取って洗いに行くと言っているので、洗うべきものが話題になっているものを選択肢から選ぶ。するとBで「リンゴ」が出てくるので、これが正解。

59　正解 C

問題文和訳

彼は娘のクラスメートです。私たちの家に来たことがあります。

解説　ある人のことを説明する文になっているので、このような説明をする状況とはどんな状況か考えてみる。ふつうは「あれは誰？」のように尋ねられた状況だと思われるので、それに似たものを選択肢から探すとC「どうしてあの子を知っているのか」というのがあるので、これが正解。

60　正解 E

問題文和訳

507号室、左から1番目（一番左）の（部屋）です。

解説　"507"というのが何の数字か分かりにくいが、部屋番号ではないかと想像しつつ選択肢を見ると、Eに"房间（部屋）"という単語が見えるので、これが正解。

2級 第2回 解答・解説

聴力試験…P.108〜P.123
読解試験…P.124〜P.132
問題の解答は P13〜P17 で紹介しています。

正解一覧

1. 听力

第1部分 1. ×　2. ×　3. ×　4. ✓　5. ×
　　　　　6. ✓　7. ✓　8. ✓　9. ×　10. ✓

第2部分 11. B　12. A　13. F　14. C　15. E
　　　　　16. C　17. D　18. A　19. B　20. E

第3部分 21. C　22. B　23. C　24. B　25. C
　　　　　26. A　27. C　28. A　29. C　30. B

第4部分 31. C　32. A　33. A　34. A　35. B

2. 阅读

第1部分 36. C　37. E　38. B　39. A　40. F

第2部分 41. C　42. B　43. A　44. D　45. F

第3部分 46. ✓　47. ×　48. ×　49. ×　50. ✓

第4部分 51. D　52. B　53. F　54. C　55. A
　　　　　56. A　57. B　58. E　59. D　60. C

第2回

1 听力

第1部分 問題 p.34

1 正解 ✗

> **スクリプト**
> Zhuōzi shang yǒu liǎng bēi chá.
> 桌子 上 有 两 杯 茶。
>
> **スクリプト和訳**
> 机の上にはお茶が2杯あります。

2 正解 ✗

> **スクリプト**
> Duìbuqǐ, zhè ge wèntí wǒ bú huì huídá.
> 对不起，这 个 问题 我 不 会 回答。
>
> **スクリプト和訳**
> すみません。この問題は私には答えられません。

3 正解 ✗

> **スクリプト**
> Tā zài fángjiān li dǎ diànhuà ne.
> 她 在 房间 里 打 电话 呢。
>
> **スクリプト和訳**
> 彼女は部屋の中で電話をしているところです。

4 正解 ✓

スクリプト

Nǐ kàn, zhēn de méi qián le.
你看，真的没钱了。

スクリプト和訳

ほら、本当にお金がなくなりました。

5 正解 ✗

スクリプト

Wǒ měitiān zǎoshang dōu yào chī yí ge jīdàn.
我每天早上都要吃一个鸡蛋。

スクリプト和訳

私は毎朝必ず鶏卵を1つ食べます。

6 正解 ✓

スクリプト

Xiànzài hái xià yǔ ma?
现在还下雨吗？

スクリプト和訳

今まだ雨、降っていますか？

7 正解 ✓

スクリプト

Wǒ xiěchulai, nǐ jiù zhīdào shì nǎ ge zì le.
我写出来，你就知道是哪个字了。

スクリプト和訳

書いたら、あなたはすぐにどの字なのか分かるでしょう。

8 正解 ✓

スクリプト

Xiǎo māo zài kàn shénme ne? Shàngmian yǒu dōngxi?
小 猫 在 看 什么 呢？ 上面 有 东西？

スクリプト和訳

子猫は何を見ているのでしょうか？上に物でもあるのでしょうか？

9 正解 ✗

スクリプト

Zhè shì wǒ xīn mǎi de shǒujī.
这 是 我 新 买 的 手机。

スクリプト和訳

これは私が新しく買った携帯電話です。

10 正解 ✓

スクリプト

Nǐ bié shuō le, wǒ bù xiǎng tīng.
你 别 说 了，我 不 想 听。

スクリプト和訳

もう言わないでください。私は聞きたくありません。

第2部分　問題 p.35～p.36

11　正解 B

スクリプト

女：你 慢 点儿 喝，今天 怎么 喝 这么 多 水？
　　Nǐ màn diǎnr hē, jīntiān zěnme hē zhème duō shuǐ?
男：天气 太 热 了。
　　Tiānqì tài rè le.

スクリプト和訳

女：ゆっくり飲みなさいよ。今日はどうしてこんなにたくさん水を飲むのですか？
男：気候が暑いですから。

12　正解 A

スクリプト

男：这 个 题 你 懂 了 吗？
　　Zhè ge tí nǐ dǒng le ma?
女：现在 懂 了，谢谢 老师。
　　Xiànzài dǒng le, xièxie lǎoshī.

スクリプト和訳

男：この問題あなたは分かりましたか？
女：今は分かるようになりました。先生ありがとうございます。

13　正解 F

スクリプト

女：你 看，车站 就 在 前面。
　　Nǐ kàn, chēzhàn jiù zài qiánmian.
男：没 错，我们 走 吧。
　　Méi cuò, wǒmen zǒu ba.

スクリプト和訳

女：ほら、駅は目の前にあります。
男：確かに。私たち行きましょうか。

14 正解 C

スクリプト

男：送给 你，生日 快乐。
　　Sònggěi nǐ, shēngri kuàilè.
女：谢谢，这 里面 是 什么？
　　Xièxie, zhè lǐmian shì shénme?

スクリプト和訳

男：あなたに贈ります。誕生日おめでとう。
女：ありがとうございます。この中身は何かしら。

15 正解 E

スクリプト

女：这 是 你 的 狗？它 几 岁 了？
　　Zhè shì nǐ de gǒu? Tā jǐ suì le?
男：三 岁。
　　Sān suì.

スクリプト和訳

女：これがあなたの犬ですか？何歳になりましたか？
男：3歳です。

16 正解 C

スクリプト

男：小姐，请问 您 来 点儿 什么？
　　Xiǎojiě, qǐngwèn nín lái diǎnr shénme?
女：再 等 一下，我 朋友 还 没 到。
　　Zài děng yíxià, wǒ péngyou hái méi dào.

スクリプト和訳

男：お嬢さん、お尋ねしますが、何を注文されますか？
女：もう少し待ってください。私の友達がまだ着いていませんので。

17 正解 D

スクリプト

女：喂, 你 买到 票 了 吗？
男：快 了, 我 前面 还 有 两 个 人。

スクリプト和訳

女：もしもし、チケット買いましたか？
男：間もなくです。私の前にあと2人います。

18 正解 A

スクリプト

男：你 很 爱 看 书？
女：是, 我 从 小 就 喜欢 读 书。

スクリプト和訳

男：あなたは本を読むのが好きですね？
女：ええ、小さい頃から読書が好きなのです。

19 正解 B

スクリプト

女：你 的 眼睛 怎么 了？
男：没 事, 这 几 天 工作 忙, 有 点儿 累。

スクリプト和訳

女：あなたの目どうしたの？
男：なんてことない。ここ数日仕事が忙しくて、少し疲れているのさ。

20 正解 **E**

スクリプト

男：你 住 哪儿？我 开 车 送 你 吧。
　　Nǐ zhù nǎr? Wǒ kāi chē sòng nǐ ba.

女：谢谢，我 住 得 很 近，走 路 就 可以 了。
　　Xièxie, wǒ zhù de hěn jìn, zǒu lù jiù kěyǐ le.

スクリプト和訳

男：あなたはどこに住んでいるのですか？車で送りますよ。
女：ありがとうございます。私は近くに住んでいますので、歩きで大丈夫です。

第3部分 問題 p.37

21　正解 C

スクリプト

女：下 雨 了, 你 路上 开 慢 点儿。
　　Xià yǔ le, nǐ lùshang kāi màn diǎnr.
男：好, 你 快 回去 吧, 再 见。
　　Hǎo, nǐ kuài huíqù ba, zài jiàn.
问：现在 天气 怎么样？
　　Xiànzài tiānqì zěnmeyàng?

スクリプト和訳

女：雨が降ってきました。道中ゆっくりと運転してくださいね。
男：分かりました。早くお帰りください。さようなら。
問題：今の天気はどうですか？

選択肢和訳

A　晴れ　　B　曇り　　**C　雨が降ってきた**

22　正解 B

スクリプト

男：下午 的 考试 是 一点 开始 吗？
　　Xiàwǔ de kǎoshì shì yīdiǎn kāishǐ ma?
女：不, 是 两 点, 你 在 哪 个 教室 考？
　　Bù, shì liǎng diǎn, nǐ zài nǎ ge jiàoshì kǎo?
问：考试 几 点 开始？
　　Kǎoshì jǐ diǎn kāishǐ?

スクリプト和訳

男：午後の試験は1時開始ですか？
女：いいえ、2時です。あなたはどこの教室で試験を受けるのですか？
問題：試験は何時に始まりますか？

選択肢和訳

A　13：00　　**B　14：00**　　C　15：00

23 正解 C

スクリプト

女：怎么 就 你 一 个 人？ 你 爸 呢？
男：他 去 买 报纸 了，很 快 就 回来。
问：爸爸 为 什么 还 没 回来？

スクリプト和訳

女：なぜあなた1人だけなの？お父さんは？
男：お父さんは新聞を買いに行ったよ。すぐに帰ってくるよ。
問題：お父さんはなぜまだ帰ってこないのですか？

選択肢和訳

A 泳ぎに行った　B チケットを買いに行った　C 新聞を買いに行った

24 正解 B

スクリプト

男：这 些 西瓜 都 太 大 了，有 没 有 小 点儿 的？
女：您 看 这 个 怎么样？
问：男 的 觉得 西瓜 怎么样？

スクリプト和訳

男：これらのスイカはどれも大きすぎる。少し小さめのある？
女：ご覧ください、こちらはいかがでしょう？
問題：男性はスイカがどうだと感じましたか？

選択肢和訳

A 値段が高い　B 大きすぎる　C おいしくない

25 正解 C

スクリプト

女：我 想 去 买 自行车，你 能 和 我 一起 去 吗？
男：没 问题，现在 就 走 吗？
问：女 的 想 买 什么？

スクリプト和訳

女：私は自転車を買いに行きたいの。私と一緒に行ってくれない？
男：いいよ。今すぐ行く？
問題：女性は何を買いたがっていますか？

選択肢和訳

A　テレビ　　B　携帯電話　　**C　自転車**

26 正解 A

スクリプト

男：你 的 电脑 不 是 白色 的 吗？
女：这 个 是 我 姐姐 的，我 的 在 家里。
问：电脑 是 谁 的？

スクリプト和訳

男：あなたのパソコンは白いものではありませんでしたか？
女：これは私の姉のものです。私のは家にあります。
問題：パソコンは誰のものですか？

選択肢和訳

A　お姉さんの　　B　妹の　　C　娘の

27 正解 C

スクリプト

女：这是你第一次来中国？
男：不是，去年六月我来过一次。
问：男的是什么意思？

スクリプト和訳

女：今回あなたは初めて中国に来たのですか？
男：いいえ、去年6月に1度来たことがあります。
問題：男性の言葉はどんな意味ですか？

選択肢和訳

A 後ろを見る　　B 船で行く　　**C 去年来たことがある**

28 正解 A

スクリプト

男：小王，你丈夫身体现在怎么样了？
女：吃了药，已经好多了。
问：小王的丈夫怎么了？

スクリプト和訳

男：王さん、あなたのご主人の具合は今どうなっていますか？
女：薬を飲んだら、もうずいぶんよくなりました。
問題：王さんのご主人はどうしましたか？

選択肢和訳

A 病気になった　　B 道を間違えた　　C 仕事に遅刻した

29 正解 C

スクリプト
女：Zhè ge yǐzi mài yìqiān'èr, bú shì yìbǎi'èr.
　　这 个 椅子 卖 一千二，不 是 一百二。
男：Zhème guì? Nà zài kànkan bié de ba.
　　这么 贵 ？那 再 看看 别 的 吧。
问：Nà ge yǐzi duōshao qián?
　　那 个 椅子 多少 钱 ？

スクリプト和訳
女：この椅子は1200元で売っています。120元ではありません。
男：そんなに高いのですか？では別のを見てみます。
問題：その椅子はいくらでしたか？

選択肢和訳
A　120元　　B　1020元　　**C　1200元**

30 正解 B

スクリプト
男：Wéi, nǐ shénme shíhou dào gōngsī?
　　喂，你 什么 时候 到 公司 ？
女：Duìbuqǐ, zài děng wǒ shí fēnzhōng, hǎo ma?
　　对不起，再 等 我 十 分钟，好 吗 ？
问：Nǚ de zuì kěnéng yào qù nǎr?
　　女 的 最 可能 要 去 哪儿 ？

スクリプト和訳
男：もしもし、あなたはいつ会社に着きますか？
女：すみません。あと10分私を待ってくれませんか？
問題：女性はどこに行こうとしている可能性が最も高いですか？

選択肢和訳
A　学校　　**B　会社**　　C　お店

第4部分 問題 p.38

31 正解 C

スクリプト

男：这么晚了，还在学习？
Zhème wǎn le, hái zài xuéxí?

女：星期日有考试，我要好好准备一下。
Xīngqīrì yǒu kǎoshì, wǒ yào hǎohāo zhǔnbèi yíxià.

男：那也别太晚了，早点儿休息。
Nà yě bié tài wǎn le, zǎo diǎnr xiūxi.

女：好，我知道了。
Hǎo, wǒ zhīdào le.

问：女的为什么还没休息？
Nǚ de wèi shénme hái méi xiūxi?

スクリプト和訳

男：こんなに遅くなったのに、まだ勉強しているのかい？
女：日曜日に試験があるので、ちょっとしっかり準備しなければならないの。
男：それでも遅くなりすぎてはいけないよ。早く休むんだよ。
女：はい、分かったわ。
問題：女性はなぜまだ休まないのですか？

選択肢和訳

A 物を食べたい　　B まだ運動していない　　**C 試験の準備をしなければならない**

32 正解 A

スクリプト

女：你们 明天 几 点 的 飞机？
男：上午 八 点 四十。
女：那 不 是 很 早 就 要 起床？
男：是，我们 想 六 点 就 从 家 走。
问：男 的 明早 最 可能 去 哪儿？

スクリプト和訳

女：あなたたちは明日の何時の飛行機ですか？
男：午前8時40分です。
女：ではとても早く起きなければならないのでは？
男：そうです。私たちは6時に家を出発したいと思っています。
問題：男性は明日の朝どこに行く可能性が最も高いですか？

選択肢和訳　A　空港　　B　駅　　C　映画館

33 正解 A

スクリプト

男：怎么样？我 做 的 菜 还 可以 吧？
女：很 好吃，我 最 喜欢 吃 你 做 的 鱼 了。
男：那 你 多 吃 点儿，还 要 米饭 吗？
女：好 的，谢谢。
问：女 的 觉得 哪 个 菜 最 好吃？

スクリプト和訳

男：どうですか？私の作った料理、なかなかのものでしょう？
女：おいしいです。私はあなたの作った魚（料理）が一番気に入りました。
男：だったらたくさん食べてください。ご飯もっと要りますか？
女：はい。ありがとうございます。
問題：女性はどの料理が最もおいしいと思いましたか？

選択肢和訳　A　魚（料理）　　B　牛肉（料理）　　C　羊肉（料理）

34 正解 A

スクリプト

女：小 Gāo, tīngshuō nǐ yào qù lǚyóu?
　　小 高，听说 你 要 去 旅游？
男：Shì, zhè ge yuè jiǔhào.
　　是，这 个 月 九号。
女：Nǐmen yìjiārén dōu qù?
　　你们 一家人 都 去？
男：Wǒ qīzi bú qù, wǒ hé wǒ érzi qù.
　　我 妻子 不 去，我 和 我 儿子 去。
问：Nán de yào hé shéi qù lǚyóu?
　　男 的 要 和 谁 去 旅游？

スクリプト和訳

女：高さん、聞くところによるとあなたは旅行に行くそうですね。
男：ええ、今月9日です。
女：あなたたち家族みんなで行くのですか？
男：私の妻は行きません。私と私の息子が行きます。
問題：男性は誰と旅行に行くつもりですか？

選択肢和訳

A　子供　　B　クラスメート　　C　学生

35　正解 B

スクリプト

男：Qiánmian nà ge rén nǐ rènshi ma?
　　前面 那 个 人 你 认识 吗？

女：Nǎ ge?
　　哪 个？

男：Zhèng zài hé Qián lǎoshī shuōhuà de nà ge.
　　正 在 和 钱 老师 说话 的 那 个。

女：Tā shì xīn lái de Hànyǔ lǎoshī, xìng Zhāng, jiào Zhāng Jìn.
　　他 是 新 来 的 汉语 老师，姓 张，叫 张 进。

问：Zhāng Jìn shì zuò shénme de?
　　张 进 是 做 什么 的？

スクリプト和訳

男：前方のあの人をあなたは知っていますか？
女：どの人ですか？
男：銭先生と話をしているあの人ですよ。
女：彼は新しく来た中国語教師です。名字は張、フルネームは張進とおっしゃいます。
問題：張進は何をする人ですか？

選択肢和訳

A　医者　　B　教師　　C　店員

2 阅 读

第1部分　問題 p.39

36　正解 C

問題文和訳

なぜ彼女のは私のより多いのですか？

解説　"A比B～（形容詞）" で「AはBより～」となる。この文では "她的（彼女の）" と "我的（私の）" の "的" の後に何か名詞が省略されている。とにかく何かが女性の方が多いと言っている。選択肢を見ると、Cでは男女2人組のうち女性の料理の方が多い様子が写っているので、これが正解。

37　正解 E

問題文和訳

この赤いの（赤い服）はきれいですね。これを買いましょう。

解説　"红色的" は直訳すると「赤いの」だが、その前に "件" という衣類を数える量詞がついているので、服のことを言っていることが分かる。そこで選択肢を見ると、Eで赤い服を手に取っている女性が写っているので、これが正解。

38　正解 B

問題文和訳

もうこんなに遅くなりました。彼は多分電話をかけることはないでしょう。

解説　"都" には「もう、すでに」という意味で使われることがあるということを覚えておこう。"可能" は「～かもしれない」「多分～だろう」という意味。電話の話題なので、電話を選択肢から探すと、Bで電話の前で待ちくたびれたような顔をした女性が写っているので、これが正解。

39 正解 A

問題文和訳

この本は本当に面白く書けています。

解説 この文には様態補語が使われている。様態補語とは、動詞の表す動作がどんな様子や具体的な状態で行われているかを表す。形は「動詞＋得＋様子や程度を表す言葉」。ここでは"写（書く）"という動作が"真有意思（本当に面白い）"という状態で行われたことを表す。つまり「本当に面白く書けている」というような意味。選択肢を見ると、本を読んで笑顔になっている女性が写っているAが正解。

40 正解 F

問題文和訳

違います。左の人は兄で、右のこの人は弟です。

解説 "左边的""右边的"の後にはそれぞれ「人」「子供」などの言葉が省略されている。つまり「左側の（人）」「右側の（人）」という感じ。最初に「違います」と言っていることから、兄と弟を間違ったことを指摘されていることが分かるので、双子らしき子供が写っているFが正解。

第2部分　問題 p.40

選択肢和訳

A　最初の　　　　B　ジョギングする　　　C　張（量）
D　与える　　　　E　値段が高い　　　　　F　すでに

41　正解 C

問題文和訳
そばのあの教室はまだ机が1［つ］足りません。

> **解説**　カッコの前に数字があり、カッコの後ろには名詞があるので、カッコには量詞が入る可能性が高い。カッコの後ろの"桌子（机）"を数える量詞は"张"なのでCが正解。"张"はよく紙やチケット類などを数えるのに使われるので「枚」と訳されることが多いが、机やソファなど、平らな面のあるものを数えるイメージなのでよく覚えておこう。

42　正解 B

問題文和訳
明日の朝私たちは［ジョギング］に行きましょう。

> **解説**　"去（行く）"という動詞の後ろに入るものは、場所を表す名詞か、動詞句（「～しに行く」と言える動詞句）。選択肢の中に場所を表す名詞がなく、動詞句はB"跑步"とD"给"がある。どちらも文法的には入りうるがDだと何を与えるのか分からなく不自然に聞こえる。よってBが正解。

43　正解 A

問題文和訳
知っていますか？私は雪が降るのを［初めて］見たのです。

> **解説**　カッコの後ろの"次"は回数を数える量詞。ただ、回数を表す言葉はふつう動詞の後ろに入るがカッコは動詞の前に入っているので、ここは「第～回目」という意味で使われていると思われる。そこで、Aの"第一"が正解。

44 正解 D

問題文和訳

店員さん、コーヒーを1杯［ください］。ありがとうございます。

解説 "请"がカッコの前にあるのでカッコには動詞が入りそうである。カッコに動詞が入るとすれば、その後ろに"我"と"一杯咖啡"という2つの目的語が並んでいる。つまり二重目的語を持つことのできる動詞が入ることが分かる。そこでDが正解。

45 正解 F

問題文和訳

女：あなたは北京に来てどのくらいになりますか？
男：私は2007年に北京に来ました。今で［すでに］5年になります。

解説 "就"のニュアンスを強調して訳すなら「2007年には北京に来ていました」という感じ。つまり"就"があることで、2007年に北京に来ていたことがとても早い時期だと感じているということになる。その話の流れからいくと、カッコには「もう、すでに」という意味の言葉が入るはずなので、Fが正解。

第3部分　問題 p.41〜p.42

46　正解 ✓

問題文和訳

顔先生が病気になったので、ここ数日はみんなに中国語の授業をしてあげられなくなっています。
★　顔先生は中国語教師である。

> **解説**　"因为〜所以…"は因果関係を表す。つまり「〜なので…だ」。「〜」が原因や理由を表し、「…」は結果を表す。このような前後で呼応する副詞や接続詞の組み合わせをたくさん覚えておこう。

47　正解 ✗

問題文和訳

そこは非常に寒いです。北京よりもずっと寒いです。今旅行に（そこに）行くのであれば、少し多めに服を着ていくべきです。
★　そこは今暑い。

> **解説**　"形容詞＋多了"で「ずっと〜だ、はるかに〜だ」。"冷"という形容詞は「冷たい」ではなく「寒い」なので注意。また"多＋動詞"で「多めに〜する」。動詞の後に、具体的にどのくらい多めにするのか数量を言うことがある。例えば"多买一个"なら「1つ多く買う」という意味。ここでは具体的な数量ではなく"点儿（少し）"が入っているので「少し多めに服を着る」という意味。

48　正解 ✗

問題文和訳

果物が体にいいことはみんなが知っています。しかし多くの人は果物を食べる最もよい時間が朝であることを知りません。
★　夜果物を食べるのが最もいい。

> **解説**　問題文の後半部分を簡単に言うと「果物は朝食べるのが一番いい」という意味なので、★の文とは内容が合致しない。よって正解は「✗」。

49 正解 ✗

問題文和訳

私は昨日サッカーをしようと彼を訪ねたが、彼は家にいませんでした。彼のお姉さんが言うには彼は友達と一緒に歌を歌いに行ったということでした。
★ 彼らは昨日踊りに行った。

> **解説** "找"は元々「探す」という意味だが、「(人を)訪ねる」という意味でもよく使われる。最初の文は"我"という1つの主語に対して"去""找他""踢足球"という3つの動詞(句)が並ぶ連動文になっている。問題文には"踢足球""唱歌"という動作は見えるが、★の文に出てくる"跳舞"については問題文でまったく触れられていないので、正解は「✗」。

50 正解 ✓

問題文和訳

李さん、私たちの会社へようこそ。仕事をする中で何か分からないことがあればいつでも私に尋ねてきていいのですよ。遠慮しないでくださいね。
★ 彼は李さんの手助けをしたいと願っている。

> **解説** 問題文の内容から、発話者が李さんに対して親切にしている様子が分かるので、正解は「✓」。"不要客气"は"谢谢(ありがとう)"と言われた時の返しの言葉と覚えている人もいるかもしれないが、"客气"の元々の意味は「遠慮する」という意味。覚えておこう。

第4部分　問題 p.43～p.44

51 - 55

選択肢和訳

A　私からちょっと紹介します。こちらは私の夫です。
B　私はめったにバスケットボールをしません。うまくないのです。
C　私は彼女に腕時計を1つ贈りたいと思っています。
D　お昼はレストランに行って食べましょう、どうですか？
E　彼はどこにいますか？あなたは彼を見かけましたか？
F　近くありません。バスに乗って1時間あまりかかります。

51　正解 D

問題文和訳

外に行くのをやめましょう。私たちは家で作りましょう。

> **解説**　"别"は「～するな」「～しないでおこう」という意味で、禁止や中止を表す。"在家做（家で作る）"という言葉に注目しよう。"做（作る、する）"と言えるのは何のことか考えながら選択肢を見ると、昼食の話をしているDに目が止まるであろう。つまりこの問題文の"在家做"というのは昼食を家で作ろうと言っているのである。よってDが正解。

52　正解 B

問題文和訳

構いません。私たちと一緒に遊びに行きましょうよ。

> **解説**　"没关系"という言葉がどういう時に使われるか把握しておこう。有名なのは"对不起（すみません）"と謝罪された時に返す言葉だが、それ以外の場面でも「構わない、気にしないでいい」という意味でよく使われる。それを踏まえて選択肢を見ると、Bがふさわしいことが分かる。

53　正解 F

問題文和訳

その病院はここから遠いですか？

> **解説**　"离"は2つの地点（時点）間の距離（時間）が遠いか近いかということを言いたい時に使われる介詞で、この文の場合だと"那家医院"と"这儿"という2つの地点は遠く離れているかと尋ねている。選択肢の中で遠いか近いかを話しているのはFだけなので、これが正解。

54 正解 C

問題文和訳

来週の火曜日はお母さんの誕生日です。

> **解説**　"下"という字が時間の観念の中で使われた場合、未来を表す。"下个星期二"だと「来週の火曜日」という意味。逆に"上"は過去を表すので覚えておこう。"生日"は誕生日のこと。誕生日やそれを思わせるものを話しているものを選択肢から探すと、Cでプレゼントの話をしていることに気がつくだろうか。Cで使われている"送"という動詞は「郵送する」というような意味ではなく「贈る、プレゼントする」という意味。よって、Cが正解。

55 正解 A

問題文和訳

こんにちは。あなたと知り合えてうれしいです。

> **解説**　この言い回しは初対面の人に言う決まり文句と言ってもいい表現なので、よく覚えておこう。初対面の場面を思わせるものを選択肢から探すと、Aで自分の夫を誰かに紹介している場面が描かれているので、これが正解。

56 - 60

選択肢和訳

A　あなたはリンゴを買ったのですね？500gいくらでしたか？
B　彼に話してもらってください。彼が私に教えてくれたのです。
C　はい。朝起きるのが遅くなって、家を出た時すでに8時になっていましたので。
D　これも洗わないといけないものですか？
E　いいえ、彼女は牛乳を飲み終わったらすぐ寝たよ。

56 正解 A

問題文和訳

3元です。安かったです。

> **解説**　"块"は中国の通貨の単位で、いわゆる「元」のこと。"便宜"は日本語の「便宜」とは違って「安い」という意味。何かの値段のことを言っているので、それを踏まえて選択肢を見ると、Aで"多少钱（いくらですか）"と言っているので、これが正解。Aの文に出て来る"斤"とは中国独自の重さの単位で、1斤＝500g。中国の自由市場に行けば色々なものが今も量り売りで売られており、その場合の単位は今でも"斤"が主流であるので、覚えておこう。

57 正解 B

問題文和訳
あなたは何を笑っているのですか？何がそんなにおかしいのですか？

解説 "好+動詞"で「〜しやすい」という意味になる。"好笑"は「笑いやすい」というところから転じて「おかしい、面白い」という意味で使われる。笑っている理由を尋ねる文になっているので、それを踏まえて選択肢を見ていっても、笑っている理由を答えているものが見当たらない。そこで笑っている理由を自分で答えず「彼」に答えさせようとしていると読めるBが正解。

58 正解 E

問題文和訳
娘は？まだ本を読んでいるの？

解説 "名詞+呢？"は省略疑問文で、文脈もなくいきなりこういうことを言う場合は、その物や人がどこにいるか、なにをしているか、を問う疑問文になる。後半の"在"は動詞の前に置かれているので、動作の進行を表す。この文は娘の現在の状態を尋ねているので、それを答えているものを探す。するとEがふさわしいことが分かる。動作の進行を否定するには通常"不"ではなく"没"を使って表す。

59 正解 D

問題文和訳
いいえ。その黒い（服）はまだ着ていません。

解説 いきなり"不"から始まっているので、yes/no疑問文になっている選択肢を探す。動詞"过"は経験やその動作がすでに行われていることを表すが語気助詞"呢"がついているので、その動作がまだ行われていないことを表している。するとDしかないことが分かる。文意的にも問題ないのでDが正解。

60 正解 C

問題文和訳
あなたはタクシーに乗ってきたのですか？

解説 "坐出租车来"は「タクシーに乗って来る」。最後の"的"により、この文が"是〜的"の強調構文で"是"が省略された形だということが分かる。この強調構文は過去のことを表すので、「乗って来るのか？」ではなく「乗って来たのか？」という意味になる。話の流れから、タクシーに乗らなければならなくなった経緯について話していると思われるCが正解となる。

2級 第3回 解答・解説

正解一覧

1. 听力

第1部分
1. × 2. × 3. ✓ 4. ✓ 5. ✓
6. × 7. ✓ 8. × 9. ✓ 10. ×

第2部分
11. F 12. E 13. A 14. C 15. B
16. A 17. E 18. B 19. C 20. D

第3部分
21. A 22. C 23. B 24. C 25. A
26. B 27. B 28. A 29. A 30. A

第4部分
31. C 32. C 33. C 34. B 35. B

2. 阅读

第1部分
36. E 37. B 38. F 39. A 40. C

第2部分
41. B 42. D 43. C 44. A 45. F

第3部分
46. × 47. ✓ 48. ✓ 49. × 50. ✓

第4部分
51. A 52. C 53. F 54. D 55. B
56. C 57. A 58. E 59. D 60. B

第3回

1 听 力

第1部分 | 問題 p.46

1 正解 ✗

スクリプト
Nǐ kàn, xiǎo gǒu zài wánr shénme ne?
你看，小狗在玩儿什么呢？

スクリプト和訳
見て。子犬は何をして遊んでいるのかな？

2 正解 ✗

スクリプト
Jīntiān zhēn rè.
今天真热。

スクリプト和訳
今日は本当に暑いです。

3 正解 ✓

スクリプト
Zhè kuàir shǒubiǎo shì nǐ de ma?
这块儿手表是你的吗？

スクリプト和訳
この腕時計はあなたのですか？

4 正解 ✓

スクリプト
Háizimen, kuài lái chī shuǐguǒ.
孩子们，快 来 吃 水果。

スクリプト和訳
子供たち、早く果物食べにおいで。

5 正解 ✓

スクリプト
Tā hái méi qǐchuáng ne.
她 还 没 起床 呢。

スクリプト和訳
彼女はまだ起きていません。

6 正解 ✗

スクリプト
Bàozhǐ zài gēge nàr.
报纸 在 哥哥 那儿。

スクリプト和訳
新聞はお兄さんの所にあります。

7 正解 ✓

スクリプト
Jīdàn zěnme mài?
鸡蛋 怎么 卖 ？

スクリプト和訳
卵はいくらですか？

8 正解 ✗

スクリプト

Hē niúnǎi duì shēntǐ hǎo, nǐ yě lái yì bēi?
喝 牛奶 对 身体 好, 你 也 来 一 杯？

スクリプト和訳

牛乳を飲むことは体にいいです。あなたも1杯飲みませんか？

9 正解 ✓

スクリプト

Xiàkè hòu wǒmen qù dǎ lánqiú ba.
下课 后 我们 去 打 篮球 吧。

スクリプト和訳

授業が終わった後私たちはバスケットボールをしに行きましょう。

10 正解 ✗

スクリプト

Tā hěn gāoxìng, yīnwèi jīntiān shì tā de shēngri.
她 很 高兴, 因为 今天 是 她 的 生日。

スクリプト和訳

彼女はうれしいです。なぜなら今日は彼女の誕生日だからです。

第2部分　問題 p.47～p.48

11　正解 F

スクリプト
女：Nǐ zěnme le?
　　你 怎么 了？
男：Méi shì, zuótiān shuì de tài wǎn le.
　　没 事，昨天 睡 得 太 晚 了。

スクリプト和訳
女：あなたはどうしたのですか？
男：なんでもありません。昨日寝るのが遅すぎたのです。

12　正解 E

スクリプト
男：Nǐ xiànzài qù jīchǎng?
　　你 现在 去 机场？
女：Shì de, zàijiàn.
　　是 的，再 见。

スクリプト和訳
男：あなたはこれから空港に行くのですか？
女：そうです。さようなら。

13　正解 A

スクリプト
女：Néng ràng wǒ xiǎng yi xiǎng zài huídá ma?
　　能 让 我 想 一 想 再 回答 吗？
男：Méi wèntí.
　　没 问题。

スクリプト和訳
女：少し考えてから答えさせてくださいませんか？
男：問題ありません。

第3回

14 正解 C

スクリプト

男：你 别 笑，听 我 说完。
　　Nǐ bié xiào, tīng wǒ shuōwán.
女：这 件 事 太 好玩儿 了，谁 告诉 你 的？
　　Zhè jiàn shì tài hǎowánr le, shéi gàosu nǐ de?

スクリプト和訳

男：笑わないで、私が話し終わるまで聞いてください。
女：この話は面白すぎます。誰があなたに教えたのですか？

15 正解 B

スクリプト

女：服务员，我们 的 米饭 怎么 还 没 来？
　　Fúwùyuán, wǒmen de mǐfàn zěnme hái méi lái?
男：请 等 一下，我 去 看看。
　　Qǐng děng yíxià, wǒ qù kànkan.

スクリプト和訳

女：店員さん、私たちのお米のご飯はどうしてまだ来ないのでしょう？
男：少々お待ちください。ちょっと見てきます。

16 正解 A

スクリプト

男：怎么样 ？ 这 本 书 很 有 意思 吧？
　　Zěnmeyàng? Zhè běn shū hěn yǒu yìsi ba?
女：是，非常 有 意思。
　　Shì, fēicháng yǒu yìsi.

スクリプト和訳

男：どうですか？この本面白いでしょう？
女：はい。非常に面白いです。

17 正解 E

スクリプト

女：喂, 路上车多, 我可能要晚到几分钟。
男：没关系, 你慢点儿开。

スクリプト和訳

女：もしもし、道は車が混んでいて、私数分遅れて到着するかもしれません。
男：構いませんよ。ゆっくり運転してくださいね。

18 正解 B

スクリプト

男：打开看看里面是什么。
女：送给我的？谢谢。

スクリプト和訳

男：中身が何なのか開けて見てみてください。
女：私にくれるのですか？ありがとうございます。

19 正解 C

スクリプト

女：你好好休息, 明天我和女儿再来看你。
男：好, 明天见。

スクリプト和訳

女：しっかり休むのよ。明日私と娘とでまたあなたを見に（あなたのお見舞いに）来るわね。
男：うん。また明日ね。

20 正解 **D**

> **スクリプト**
>
> 男：他 姓 "bái"，不 是 "bǎi"。
> 　　Tā xìng "bái", bú shì "bǎi".
>
> 女：对不起，我 打错 了。
> 　　Duìbuqǐ, wǒ dǎcuò le.
>
> **スクリプト和訳**
>
> 男：彼は「白」さんです。「百」さんではありません。
> 女：すみません。私（字を）打ち間違いました。

第3部分　問題 p.49　CD① 16

21　正解 A

スクリプト
女：Zhè ge xīguā zhēn dà, yǒu shíjǐ jīn ba?
　　这个西瓜真大，有十几斤吧？
男：Shíwǔ jīn. Wǒ kàn jīntiān xīguā bú cuò, suǒyǐ jiù mǎi le yí ge dà de.
　　十五斤。我看今天西瓜不错，所以就买了一个大的。
问：Nǚ de juéde xīguā zěnmeyàng?
　　女的觉得西瓜怎么样？

スクリプト和訳
女：このスイカは本当に大きいですね。十数斤はあるでしょう？
男：15斤（7.5kg）です。今日はスイカがなかなかいいと思ったので、大きいのを1つ買ったのです。
問題：女性はスイカのことをどう思いましたか？

選択肢和訳
A　大きい　　B　おいしい　　C　安い

22　正解 C

スクリプト
男：Hái shǎo jǐ ge yǐzi?
　　还少几个椅子？
女：Liǎngge, nǐ kànkan pángbiān nà ge jiàoshì hái yǒu méi yǒu.
　　两个，你看看旁边那个教室还有没有。
问：Nǚ de ràng nán de zhǎo shénme?
　　女的让男的找什么？

スクリプト和訳
男：椅子はあと何脚少ない（足りない）のですか？
女：2脚です。隣のその教室にまだあるかどうか見てみてください。
問題：女性は男性に何を探させますか？

選択肢和訳
A　コップ　　B　机　　C　椅子

23 正解 B

スクリプト

女：Nǐ shì dìyī cì lái Běijīng?
　　你 是 第一 次 来 北京 ?

男：Bù, qùnián wǒ hé péngyou lái guo yí cì.
　　不, 去年 我 和 朋友 来 过 一 次。

问：Nán de shì shénme yìsi?
　　男 的 是 什么 意思 ?

スクリプト和訳

女：あなたは北京に来るのは初めてですか？
男：いいえ。去年私は友達と1回来たことがあります。
問題：男性の言っていることの意味は何ですか？

選択肢和訳

A 聞き取れなかった　　B 北京に来たことがある　　C 中国に行きたい

24 正解 C

スクリプト

男：Xiǎojiě, zhè ge diànnǎo duōshao qián?
　　小姐, 这 个 电脑 多少 钱 ?

女：Hēisè zhè ge ma? Sānqiānliù.
　　黑色 这 个 吗 ? 三千六。

问：Nà ge diànnǎo duōshao qián?
　　那 个 电脑 多少 钱 ?

スクリプト和訳

男：女店員さん、このパソコンはいくらですか？
女：黒いこれですか？3600元です。
問題：そのパソコンはいくらですか？

選択肢和訳

A 3060元　　B 3200元　　C 3600元

25　正解 A

スクリプト

女：Wǎnshang wǒmen qù fànguǎnr chī?
　　晩上　我们　去　饭馆儿　吃？

男：Cài wǒ dōu mǎihǎo le, zài jiā chī ba.
　　菜　我　都　买好　了，在　家　吃　吧。

问：Nán de xiǎng zài nǎr chī fàn?
　　男　的　想　在　哪儿　吃　饭？

スクリプト和訳

女：夜私たちはレストランに食べに行きましょうか？
男：食材はもう買ってしまったので、家で食べましょう。
問題：男性はどこでご飯を食べたいと思いましたか？

選択肢和訳

A　家の中　　B　レストラン　　C　駅

26　正解 B

スクリプト

男：Mā, wàimian hái xià yǔ ma?
　　妈，外面　还　下　雨　吗？

女：Xià, jīntiān zǎoshang bié qù pǎobù le.
　　下，今天　早上　别　去　跑步　了。

问：Xiànzài tiānqì zěnmeyàng?
　　现在　天气　怎么样？

スクリプト和訳

男：お母さん、外はまだ雨降ってる？
女：降ってるわ。今朝はジョギングに行くのをやめなさい。
問題：今の天気はどうですか？

選択肢和訳

A　曇り　　B　雨が降っている　　C　雪が降っている

第3回

143

27 正解 B

スクリプト

女：你好，请问四零七房间怎么走？
Nǐ hǎo, qǐngwèn sìlíngqī fángjiān zěnme zǒu?

男：您向右走，最里面那个房间就是。
Nín xiàng yòu zǒu, zuì lǐmian nà ge fángjiān jiù shì.

问：女的要去哪个房间？
Nǚ de yào qù nǎ ge fángjiān?

スクリプト和訳

女：こんにちは。お尋ねしますが、407号室にはどうやって行けばいいですか？
男：右に行ってください。一番奥のあの部屋がそうです。
問題：女性はどの部屋に行きたいのですか？

選択肢和訳

A 107　　B 407　　C 704

28 正解 A

スクリプト

男：怎么还不进去？电影就要开始了。
Zěnme hái bú jìnqù? Diànyǐng jiù yào kāishǐ le.

女：我在等我妹妹，她去买水了。
Wǒ zài děng wǒ mèimei, tā qù mǎi shuǐ le.

问：女的为什么不进去？
Nǚ de wèi shénme bú jìnqù?

スクリプト和訳

男：なぜまだ入らないのですか？映画はもうすぐ始まりますよ。
女：私は妹を待っているのです。彼女は水を買いに行きました。
問題：女性はなぜ入らないのですか？

選択肢和訳

A 人を待っている　　B 携帯電話を探している　　C リンゴを買いたい

29 正解 A

スクリプト

女：钱 医生，这 些 天 怎么 没 看见 你 儿子？
Qián yīshēng, zhè xiē tiān zěnme méi kànjian nǐ érzi?

男：他 现在 住 学校，每 个 星期 回来 一 次。
Tā xiànzài zhù xuéxiào, měi ge xīngqī huílái yí cì.

问：钱 医生 的 儿子 住 哪儿？
Qián yīshēng de érzi zhù nǎr?

スクリプト和訳

女：銭先生、ここ数日なぜあなたの息子さんを見かけないのでしょうか？
男：彼は今学校に住んでいます。毎週1回戻ってきます。
問題：銭医師の息子はどこに住んでいますか？

選択肢和訳

A 学校　　B 病院の裏　　C 会社のそば

30 正解 A

スクリプト

男：小 猫 今天 吃 东西 了 吗？
Xiǎo māo jīntiān chī dōngxi le ma?

女：吃 了。中午 给 它 吃 了 点儿 药，好 多 了。
Chī le. Zhōngwǔ gěi tā chī le diǎnr yào, hǎo duō le.

问：小 猫 怎么 了？
Xiǎo māo zěnme le?

スクリプト和訳

男：子猫は今日物を食べましたか？
女：食べました。お昼に少し薬を飲ませたら、ずっとよくなりました。
問題：子猫はどうしたのですか？

選択肢和訳

A 病気になった　　B 水を飲むのが好きではない　　C 物を食べていない

第4部分 問題 p.50 CD① 17

31 正解 C

スクリプト

男：Shí diǎn le, hái bú shuìjiào?
　　十 点 了，还 不 睡觉 ?

女：Wǒ míngtiān bú shàng kè.
　　我 明天 不 上 课。

男：Hǎo ba, bié lí diànshì tài jìn le, zuòyuǎn diǎnr.
　　好 吧，别 离 电视 太 近 了，坐远 点儿。

女：Hǎo, nǐ qù shuì ba.
　　好，你 去 睡 吧。

问：Nǚ de zài zuò shénme?
　　女 的 在 做 什么 ?

スクリプト和訳

男：10時になったぞ。まだ寝ないのか？
女：私明日授業がないの。
男：いいだろう。テレビに近づきすぎないように、少し遠くに座りなさい。
女：はい。寝てください。
問題：女性は何をしているところですか？

選択肢和訳　A 踊る　　B 歌を歌う　　**C テレビを見る**

32 正解 C

スクリプト

女：Nǐ èrshísì suì?
　　你 二十四 岁？
男：Shì, wǒ shì bābā nián de.
　　是，我 是 八八 年 的。
女：Wǒ yě shì, wǒ de shēngrì zài shí'èryuè.
　　我 也 是，我 的 生日 在 十二月。
男：Nà wǒ bǐ nǐ dà, wǒ shì bābā nián èryuè.
　　那 我 比 你 大，我 是 八八 年 二月。
问：Nán de shēngrì zài jǐyuè?
　　男 的 生日 在 几月？

スクリプト和訳

女：あなたは24歳ですか？
男：はい。私は1988年生まれです。
女：私もです。私の誕生日は12月です。
男：では私の方があなたより上です。私は88年2月です。
問題：男性の誕生日は何月ですか？

選択肢和訳　A　12月　　B　10月　　**C　2月**

33 正解 C

スクリプト

男：Nǐ zhè cì shì zuò fēijī huíjiā ma?
　　你 这 次 是 坐 飞机 回家 吗？
女：Fēijī piào tài guì, wǒ xiǎng zuò huǒchē.
　　飞机 票 太 贵，我 想 坐 火车。
男：Zuò huǒchē yào hěn cháng shíjiān ba?
　　坐 火车 要 很 长 时间 吧？
女：Shì, yào shíjiǔ ge xiǎoshí.
　　是，要 十九 个 小时。
问：Nǚ de zhǔnbèi zěnme huíjiā?
　　女 的 准备 怎么 回家？

スクリプト和訳

男：あなたは今回飛行機で帰宅するのですか？
女：飛行機のチケットが高すぎるので、私は列車に乗ろうと思っています。
男：列車に乗ってだと時間がとてもかかるのでしょう？
女：ええ。19時間かかります。
問題：女性はどうやって帰宅するつもりですか？

選択肢和訳　A　船に乗って　　B　飛行機に乗って　　**C　列車に乗って**

34 正解 B

スクリプト

女：这件红色的衣服怎么样？
男：不错，你穿着很漂亮。
女：那我就买这件了？
男：可以，买吧。
问：男的觉得那件衣服怎么样？

スクリプト和訳

女：この赤い服はどう？
男：なかなかいいね。(君が)着るときれいだよ。
女：では私はこれを買うことにしますよ？
男：いいですよ。買いなさい。
問題：男性はその服をどう思いましたか？

選択肢和訳

A 小さすぎる　　B きれいだ　　C 色がよくない

35 正解 B

スクリプト

男：姐，上午 有人 找 你。
Jiě, shàngwǔ yǒu rén zhǎo nǐ.

女：谁 找 我？叫 什么 名字？
Shéi zhǎo wǒ? Jiào shénme míngzi?

男：他 说 他 姓 李，是 你 大学 同学。
Tā shuō tā xìng Lǐ, shì nǐ dàxué tóngxué.

女：好，我 知道 了。
Hǎo, wǒ zhīdào le.

问：上午 谁 来 找 女 的 了？
Shàngwǔ shéi lái zhǎo nǚ de le?

スクリプト和訳

男：お姉さん、午前中ある人がお姉さんを訪ねてきたよ。
女：誰が私を訪ねてきたの？なんという名前だった？
男：自分は李といい、お姉さんの大学の同級生だと言っていた。
女：ああ。分かったわ。
問題：午前中誰が女性を訪ねてきましたか？

選択肢和訳

A　彼女の弟　　B　彼女の同級生　　C　彼女の学生

2 閲 読

> 第1部分　問題 p.51

36　正解 E

(問題文和訳)
タクシー！ここです！

> (解説)　"出租车"は「タクシー」のこと。これが分かればすぐに答えることができる。タクシーらしき車を手を挙げて呼びとめているEが正解。

37　正解 B

(問題文和訳)
しゃべらないでください。息子が寝ているのです。

> (解説)　"別"は動詞の前に置いて禁止や中止を表す（〜するな）。"在"は動詞の前に置いて動作の進行を表す。最初に「しゃべるな」と言っているので、口に指を当てて静にするように促すジェスチャーをしているBが正解。中国でも口に指を当てるジェスチャーは静かにすることを促す意味になる。

38　正解 F

(問題文和訳)
ちょっと見てください。この字はどう読みますか？

> (解説)　"帮"は「助ける、手伝う」という意味だが、何かを人に依頼する場合に"你帮我〜"という表現をよく使うので、覚えておこう。"怎么＋動詞"で「どのように〜する」という意味なのでこの後半の文は、字の読み方を尋ねる疑問文。

39　正解 A

(問題文和訳)
あなたたちはお店に行ったのですか？こんなにたくさん物を買ったのですね。

> (解説)　"这么"は「こんなに」という意味。買い物をしてきた人に対するセリフなので、買い物袋をたくさん持っているAが正解。

40 正解 C

問題文和訳

どういたしまして、お客様。お尋ねしますが他にご質問はございますでしょうか？

解説 この文では、相手に "先生" "您" と丁寧に呼びかけ、"不客气" と丁寧に受け答えしている様子から見て、例えばデパートの案内所のような場面で店員が客に対応しているような場面が考えられる。選択肢の中で最も近いと思われるのは、Cのコールセンターのような場面と思われるので、これが正解。

第2部分 問題 p.52

選択肢和訳

A 終わる　　B 紹介する　　C 楽しい
D 着る　　　E 値段が高い　F 日

41　正解 B

問題文和訳

私から皆さんにちょっと［紹介いたします］。この人は私の妻で、高晴です。

> **解説**　カッコの後ろに"一下（ちょっと、少し）"という言葉（文法的には回数表現に属する単語）があるので、カッコには動詞が入って「ちょっと～する」という意味になると考える。選択肢の中にある動詞はA、B、Dがあるが、意味内容から最も自然なのはBなので、これが正解。

42　正解 D

問題文和訳

外は寒いです。あなたは出かける時多めに服を［着て］ください。

> **解説**　"多＋動詞"で「多めに～する」という意味になり、動詞の後ろに具体的に何をどのくらい多めに行うのかを言いたい時は、具体的な数量と名詞を言えばよい。またカッコの後に"件"、"衣服"などが続いていることからも"穿"という動詞が入るのが自然。というわけでDが正解。

43　正解 C

問題文和訳

新たな1年においてあなたが毎日［楽しく］いられますように。

> **解説**　"新的一年里"などと言っているので、新年のご挨拶であることがうかがえる。そこで、景気のいい言葉でここに入りそうなものを選ぶ。選択肢の中ではCの"快乐"がよい。よく新年の挨拶でも"新年快乐！"と言われるので、覚えておこう。

44 正解 A

問題文和訳

私の忙しいのが［終わって］からあなたに電話をかけますね。それでいいですか？

> **解説**　"忙" はふつう形容詞（忙しい）として使われることがあるが「忙しく働く、忙しくする」というような動詞として使われることもある。ここは動詞と考えてAを結果補語として使えばよい。最初の "等" は「待つ」という意味。直訳すると「私の忙しいのが終わるのを待ってから」となる。日本語の「等」という字には全くない「待つ」という意味をよく覚えておこう。

45 正解 F

問題文和訳

女：お父さん、いつ帰ってくるの？
男：父さんは9［日］の昼に家に着くよ。

> **解説**　"哪天" は直訳すると「どの日」ということ。これに対しては日付を答えるのが普通なので、Fが正解。

第3部分　問題 p.53〜p.54

46　正解 ✗

問題文和訳

このいくつかの色は私はどれも非常に好きです。どれを買いましょうかね。あなたがちょっと見てくれませんか？
★　彼はそれらの色が好きではない。

> **解説**　最初の部分で「全部好き」と言っているので、★の文の内容と合致しない。よって正解は「×」。またこの"来"は「来る」という意味ではなく動作の積極性を表している。

47　正解 ✓

問題文和訳

私帰ります。今日は皆さんありがとうございました。今度は皆さんが私の家に遊びに来てくださいね。さようなら。
★　彼は帰るつもりだ。

> **解説**　最初に「帰ります」と言い、最後に"再见"とお別れの挨拶までしているので、友達の家などから帰る時の言い方である。★の文の"准备"は「〜するつもりだ」という意味の助動詞なので「帰るつもりだ」という意味になる。内容が合致するので、正解は「✓」。

48　正解 ✓

問題文和訳

私の妹は明日試験があるので、今部屋の中で本を読んでいます。少し待ってください。彼女を呼んできてあげます。
★　妹は勉強している。

> **解説**　妹は明日試験があると言い、そのために本を読んでいる"看书"と言っているので、ここの"看书"は娯楽のための読書ではなく勉強していることを指していると考える。すると★の文の内容と合致するので、正解は「✓」。

49 正解 ✗

問題文和訳

この店は新しく開店しました。コーヒーがおいしいです。私は何もない時いつもここに来て座って、コーヒーを飲んでいます。

★ 彼はそこのコーヒーをおいしくないと思っている。

解説 "咖啡不错" と言っているが、この "不错" の意味を読み間違ってはいけない。"不错" とは「なかなかよい、悪くない」というプラス評価の言葉である。気をつけよう。そこさえ読み間違えなければ正答を導き出せるだろう。★の文とは合致しないので、正解は「✗」。

50 正解 ✓

問題文和訳

今週の日曜日あなたは用事がありますか？私は病院に目を診てもらいに行きたいのですが、私と一緒に行ってくれませんか？

★ 彼は日曜日に病院に行きたがっている。

解説 "星期日" と "星期天" が同じ意味「日曜日」であることをよく押さえておこう。★の文と合致するので、正解は「✓」。あと "看" には「診察してもらう」という意味があるので、注意。つまりここの "看眼睛" は「目を見る」ではなく「目を診てもらう」という意味になる。

第3回

第4部分 問題 p.55～p.56

51 - 55

選択肢和訳

A　いいですね。私も長い間スポーツをしていませんから。
B　きれいでしょ？これは私の兄が私に贈ってくれたのです。
C　魚（料理）は間もなく出来上がります。
D　私の部屋に行ってちょっと座ってお茶でも飲みます？
E　彼はどこにいますか？あなたは彼を見かけましたか？
F　張先生です。彼は私たちの中国語の先生です。

51　正解 A

問題文和訳

午後一緒にボールを蹴りに行きます？

> **解説**　この文は、分かりにくいかもしれないが、誰かを誘う内容になっている。その場合の受け答えとして考えられるのは "好（OKの場合）" "行（OKの場合）" "不行（NGの場合）" など。選択肢の中ではAがまず "好" と答えているし、その後の内容的にもスポーツの話題なので、Aが正解。

52　正解 C

問題文和訳

（あなたは）手を洗ってください。私たちはそろそろご飯を食べましょう（食事の用意をしましょう）。

> **解説**　ここの "准备" は動詞「準備する」、助動詞「〜するつもりだ」どちらの意味でも解釈できるが、助動詞でとらえるほうがより自然。食事の話をしているので、食事関連の話をしているものを選ぶとよい。選択肢ではCで「魚料理」のことを話している。中国語では "鱼" としか言っていないが、述語が "做好了（出来上がった）" なので、ここの "鱼" は「魚料理」のことを指す。よって、Cが正解。

53　正解 F

問題文和訳

あなたの前に座っているこの人は誰ですか？

> **解説**　"谁（誰）" と尋ねているので、それに答えているものを探す。選択肢ではFが人の名前を出してしっかり答えているので、これが正解。

54　正解 D

問題文和訳

やめておきます。一日歩いて少し疲れたので、私は帰って休みたいのです。

> **解説**　いきなり"不了（やめておきます／いいえ結構です）"と言っているので、その前に言われた言葉を探す。何かに誘われて、もしくは促されて、それを断っているので、誘ったり促したりしているものを探すとよい。するとDが自分の部屋に誘う、もしくは提案して促すような内容になっているので、Dが正解。

55　正解 B

問題文和訳

見てください。私の新しい自転車どうですか？

> **解説**　"怎么样"は様子や状況を尋ねる疑問代詞なので、それに続く言葉としては主に形容詞が考えられる。選択肢を見ると形容詞で始まっているのはAとBである。しかしAの"好"は誘われた時のOKの言葉で、ここにはそぐわない。よってBが正解。問題文とBの文を続けると「どうですか、きれいでしょ？」と自画自賛した一人の発話になっていることが分かる。

56 - 60

選択肢和訳

A　もう8時になったのに、あなたはまだ起きないのですか？
B　それらの問題はすべてやり終わりましたか？
C　そうです。私は去年から勤務しています。
D　一昨年北京に遊びに行ったあの時です。
E　私はあなたのために何冊かの本を探しました。時間のある時に読んでみるといいですよ。

56　正解 C

問題文和訳

あなたはもう働くようになったのですか？

> **解説**　この言葉は、もう就職するような年齢になったのか、という意味と考える。そう思いつつ選択肢を見ると、Cがやはり仕事のことを話していて、文脈的にもつながるので、Cが正解。

57 正解 A

問題文和訳

私は今日は何も用事がありません。あと10分間寝かせてください。

解説　"再"は「もう少し！あとちょっと！」の「もう、あと」に当たる言葉。"再＋動詞＋数量や時間や回数など"で、あとどのくらいその動作をするのかを言う表現になる。この文に出てくる「再睡10分钟」は「あと10分寝る」という意味。また使役動詞"让"があるので「あと10分寝かせて」という意味になる。早く起きろと促された時の返答のように見えるので、選択肢を見てみると、「まだ起きないのですか」と言っているAが正解。Aの最初の"都"は「すでに、もう」という意味で使われることがあるので覚えておこう。

58 正解 E

問題文和訳

きっとあなたの助けとなるでしょう。

解説　"对～有帮助"は「～のためになる、～の助けになる」という意味。何かためになるものについて話しているものを選択肢の中で探すと、Eで「あなたのために本を探した」と言っているので、これが正解。Eに出てくる"可以"は「～してもよい」と覚えている人も多いだろうが、「～するとよい」とか「～した方がいい」と訳した方がしっくりくることもあるので、覚えておこう。

59 正解 D

問題文和訳

私と私の夫は旅行の時に知り合ったのです。

解説　この文は"是～的"の強調構文を使っている。知り合ったのがいつなのか（旅行の時）を強調している。選択肢の中のDが、さらにその知り合った時を詳しく限定する内容になっている（去年北京に行った時）。そこでDが正解。

60 正解 B

問題文和訳

あと2つありますが、もうすぐです。

解説　「あと2つある」と言っているので、元々はもっとたくさんあったことが分かる。何がたくさんあったのか考えながら選択肢を見ると、Bで"那些题"と複数の表現が出ている。文脈的にも自然なので、Bが正解。

2級 第4回 解答・解説

聴力試験···P.160～P.175
読解試験···P.176～P.184
題の解答はP13～P17で紹介しています。

正解一覧

1. 听力

第1部分
1. ✓   2. ×   3. ×   4. ✓   5. ✓
6. ✓   7. ×   8. ×   9. ✓   10. ×

第2部分
11. E   12. A   13. C   14. B   15. F
16. D   17. A   18. E   19. C   20. B

第3部分
21. A   22. B   23. A   24. B   25. C
26. B   27. B   28. A   29. C   30. A

第4部分
31. C   32. C   33. A   34. C   35. B

2. 阅读

第1部分
36. F   37. C   38. E   39. B   40. A

第2部分
41. F   42. C   43. B   44. A   45. D

第3部分
46. ×   47. ✓   48. ✓   49. ×   50. ✓

第4部分
51. C   52. A   53. D   54. F   55. B
56. B   57. D   58. E   59. A   60. C

第4回

1 听力

第1部分 問題 p.58

1 正解 ✓

スクリプト

Zhè ge tí wǒ huì, ràng wǒ lái huídá.
这 个 题 我 会，让 我 来 回答。

スクリプト和訳

この問題は私できます。私に答えさせてください。

2 正解 ✗

スクリプト

Tā zhèng zài xǐ píngguǒ.
她 正 在 洗 苹果。

スクリプト和訳

彼女はリンゴを洗っています。

3 正解 ✗

スクリプト

Nǐ juéde zhè jiàn yīfu zěnmeyàng?
你 觉得 这 件 衣服 怎么样 ？

スクリプト和訳

あなたはこの服をどう思いますか？

4 正解 ✓

スクリプト

Tā zài xiūxi, bié shuōhuà.
他 在 休息，别 说话。

スクリプト和訳

彼は休んでいるので、おしゃべりしないでください。

5 正解 ✓

スクリプト

Hái lěng ma? Zài lái yì bēi?
还 冷 吗？再 来 一 杯？

スクリプト和訳

まだ寒いですか？もう1杯いきますか？

6 正解 ✓

スクリプト

Nǐ de gē chàng de zhēn bú cuò!
你 的 歌 唱 得 真 不 错！

スクリプト和訳

あなたの歌は本当にうまいですね！

7 正解 ✗

スクリプト

Shénme shì ràng nǐ zhème gāoxìng? Kuài gàosu wǒ.
什么 事 让 你 这么 高兴？ 快 告诉 我。

スクリプト和訳

どんなことがあってあなたはこんなに喜んでいるのですか？早く私に教えてください。

8 正解 ✗

スクリプト

Wǒ shì dìyī cì lái zhèr yóuyǒng.
我 是 第一 次 来 这儿 游泳。

スクリプト和訳

私は初めてここに泳ぎに来ました。

9 正解 ✓

スクリプト

Děng yíxià, wǒ xiǎngxiang xiàmian zěnme zǒu.
等 一下，我 想想 下面 怎么 走。

スクリプト和訳

ちょっと待ってください。私は次にどう行くか考えます。

10 正解 ✗

スクリプト

Bàba zuò de yú zuì hǎochī.
爸爸 做 的 鱼 最 好吃。

スクリプト和訳

お父さんの作った魚（料理）が一番おいしいです。

第2部分 問題 p.59〜p.60

11 正解 E

スクリプト

女：Zhēn piàoliang! Zhè shì nǐ de gǒu ma?
　　真 漂亮！这 是 你 的 狗 吗？
男：Shì de, shì wǒ de.
　　是 的，是 我 的。

スクリプト和訳

女：本当にかっこいい！これはあなたの犬ですか？
男：そうです。私のです。

12 正解 A

スクリプト

男：Gěi, zhè shì nǐ yào de piào.
　　给，这 是 你 要 的 票。
女：Tài hǎo le, xièxie nǐ. Duōshao qián?
　　太 好 了，谢谢 你。多少 钱？

スクリプト和訳

男：どうぞ、これがあなたの欲しがっていたチケットです。
女：すばらしい、ありがとうございます。おいくらですか？

13 正解 C

スクリプト

女：Wǒmen shì bu shì zǒucuò lù le?
　　我们 是 不 是 走错 路 了？
男：Méi yǒu, nǐ kàn, wǒmen zài zhèr.
　　没 有，你 看，我们 在 这儿。

スクリプト和訳

女：私たち道を間違ったのではないでしょうか。
男：そんなことはありません。ほら、私たちはここにいます。

14 正解 B

スクリプト

男：你 买 鸡蛋 了 吗？
　　Nǐ mǎi jīdàn le ma?
女：买 了，我 还 买 了 一 些 菜 和 水果。
　　Mǎi le, wǒ hái mǎi le yì xiē cài hé shuǐguǒ.

スクリプト和訳

男：あなたは鶏卵を買いましたか？
女：買いました。それから少し野菜と果物を買いました。

15 正解 F

スクリプト

女：不 客气，先生，欢迎 您 下次 再 来。
　　Bú kèqi, xiānsheng, huānyíng nín xiàcì zài lái.
男：好，再 见。
　　Hǎo, zài jiàn.

スクリプト和訳

女：どういたしまして、お客様。また次回のおいでをお待ちしております。
男：はい。さようなら。

16 正解 D

スクリプト

男：我 说 "一 二 三"，大家 一起 笑，好 吗？
　　Wǒ shuō "yī èr sān", dàjiā yìqǐ xiào, hǎo ma?
女：好 的，没 问题。
　　Hǎo de, méi wèntí.

スクリプト和訳

男：私が「123」と言ったら、みんな一緒に笑うのです。いいですか？
女：分かりました。問題ありません。

17 正解 A

> **スクリプト**
>
> 女：你在想什么？
> 　　Nǐ zài xiǎng shénme?
> 男：我在想那个汉字怎么写。
> 　　Wǒ zài xiǎng nà ge hànzì zěnme xiě.
>
> **スクリプト和訳**
>
> 女：あなたは何を考えているのですか？
> 男：私はあの漢字はどう書くのかなと考えているのです。

18 正解 E

> **スクリプト**
>
> 男：小姐，您看这个可以吗？
> 　　Xiǎojiě, nín kàn zhè ge kěyǐ ma?
> 女：可以，就喝这个吧。
> 　　Kěyǐ, jiù hē zhè ge ba.
>
> **スクリプト和訳**
>
> 男：お客様、こちらでよろしいでしょうか（こちらでよろしいと思われますか）？
> 女：いいですね。これを飲みましょうか。

19 正解 C

> **スクリプト**
>
> 女：喂，明天下午你有时间吗？
> 　　Wéi, míngtiān xiàwǔ nǐ yǒu shíjiān ma?
> 男：有，什么事？
> 　　Yǒu, shénme shì?
>
> **スクリプト和訳**
>
> 女：もしもし、明日の午後時間ありますか？
> 男：ありますよ。何ですか？

20 正解 **B**

> **スクリプト**
>
> 男：雨太大了，等雨小了我们再走吧。
> Yǔ tài dà le, děng yǔ xiǎo le wǒmen zài zǒu ba.
>
> 女：好，现在时间还早。
> Hǎo, xiànzài shíjiān hái zǎo.
>
> **スクリプト和訳**
>
> 男：雨がひどすぎます。雨が小降りになってから行きましょう。
>
> 女：はい。今は時間がまだ早いですしね。

第3部分 問題 p.61

21 正解 A

スクリプト

女：Nǐ zěnme bú qù dǎ lánqiú?
　　你 怎么 不 去 打 篮球？

男：Wàimian tài rè le, wǒ xiǎng zài jiā kàn diànshì.
　　外面 太 热 了，我 想 在 家 看 电视。

问：Nán de wèi shénme bú qù dǎ qiú?
　　男 的 为 什么 不 去 打 球？

スクリプト和訳

女：なぜバスケットボールをしに行かないの？
男：外は暑すぎるよ。僕は家でテレビを見ていたい。
問題：男性はなぜ球技をしに行かないのですか？

選択肢和訳

A　気候が暑い　　B　泳ぎたい　　C　踊りに行きたい

22 正解 B

スクリプト

男：Mā, nǐ kànjian wǒ de shǒubiǎo le ma?
　　妈，你 看见 我 的 手表 了 吗？

女：Zài nǐ de zhuōzi shang.
　　在 你 的 桌子 上。

问：Shǒubiǎo zài nǎr?
　　手表 在 哪儿？

スクリプト和訳

男：お母さん、僕の腕時計を見かけた？
女：あなたの机の上にあったわよ。
問題：腕時計はどこにありましたか？

選択肢和訳

A　椅子の上　　B　机の上　　C　パソコンのそば

23 正解 A

スクリプト

女：您 儿子 说 得 真 好！他 今年 几 岁 了？
　　Nín érzi shuō de zhēn hǎo! Tā jīnnián jǐ suì le?
男：他 今年 四 岁。
　　Tā jīnnián sì suì。
问：他 儿子 多大 了？
　　Tā érzi duōdà le?

スクリプト和訳

女：あなたの息子さんは話すのが本当に上手いですね！今年何歳になりましたか？
男：彼は今年4歳です。
問題：彼の息子は何歳になりましたか？

選択肢和訳

A　4歳　　B　10歳　　C　14歳

24 正解 B

スクリプト

男：吃 药 了 吗？身体 好 点儿 了 没 有？
　　Chī yào le ma? Shēntǐ hǎo diǎnr le méi yǒu?
女：吃过 了，比 昨天 好 多 了。
　　Chīguò le, bǐ zuótiān hǎo duō le。
问：女 的 是 什么 意思？
　　Nǚ de shì shénme yìsi?

スクリプト和訳

男：薬は飲みましたか？体は少しはよくなりましたか？
女：飲みましたよ。昨日よりずっとよくなりました。
問題：女性が言っているのはどんな意味ですか？

選択肢和訳

A　疲れた　　B　ずっとよくなった　　C　空が晴れた

25 正解 C

スクリプト
女：Nǐ shàng xīngqī qù lǚyóu le?
你 上 星期 去 旅游 了？
男：Shì, wǒ hé qīzi qù Běijīng wánr le jǐ tiān.
是，我 和 妻子 去 北京 玩儿 了 几 天。
问：Nán de hé shéi qù Běijīng le?
男 的 和 谁 去 北京 了？

スクリプト和訳
女：あなたは先週旅行に行ったのですか？
男：はい。私は妻と北京に行って数日遊びました。
問題：男性は誰と北京に行きましたか？

選択肢和訳
A 友達　　B 子供　　**C 妻**

26 正解 B

スクリプト
男：Zhè běn shū zěnmeyàng? Bú cuò ba?
这 本 书 怎么样？ 不 错 吧？
女：Fēicháng yǒu yìsi, wǒ sān ge xiǎoshí jiù kànwán le.
非常 有 意思，我 三 个 小时 就 看完 了。
问：Nǚ de juéde nà běn shū zěnmeyàng?
女 的 觉得 那 本 书 怎么样？

スクリプト和訳
男：この本はどうですか？なかなかいいでしょう？
女：非常に面白かったです。私は3時間で読み終わりました。
問題：女性はその本をどう思いましたか？

選択肢和訳
A 値段が高い　　**B （本が）面白い**　　C あまり助けにならなかった

27 正解 B

スクリプト

女：为什么不要右边那个？
男：太小了，我想要张大一点儿的床。
问：男的想买什么？

スクリプト和訳

女：なぜ右のあれは欲しくないのですか？
男：小さすぎます。私は大きめのベッドが欲しいのです。
問題：男性は何を買いたがっているのですか？

選択肢和訳

A　お茶　　B　ベッド　　C　白いご飯

28 正解 A

スクリプト

男：中午吃饭怎么没看到你？
女：我在教室，有几个学生来找我，问了几个题。
问：女的中午在哪儿？

スクリプト和訳

男：昼のご飯でどうしてあなたを見かけなかったのでしょうか。
女：私は教室にいました。何人かの学生が私を訪ねてきて、いくつか質問をしてきたのです。
問題：女性はお昼どこにいましたか？

選択肢和訳

A　教室　　B　レストラン　　C　駅

29 正解 C

スクリプト

女：十二点了，睡觉吧，明天上午还要考试呢。
男：好的，我知道了。
问：女的让男的做什么？

スクリプト和訳

女：12時になったので寝なさい。明日の午前中にはまだ試験を受けなければならないのですよ。
男：はい、分かりました。
問題：女性は男性に何をさせましたか？

選択肢和訳
A 授業を受ける　　B ドアを開ける　　**C 寝る**

30 正解 A

スクリプト

男：对不起，我的车在路上出了点儿问题，所以来晚了。
女：没关系，你没什么事吧？
问：男的怎么了？

スクリプト和訳

男：すみません。私の車、途中で問題が生じまして、それで来るのが遅れました。
女：構いません。あなたには大事はありませんね？
問題：男性はどうしましたか？

選択肢和訳
A 来るのが遅れた　　B 病気になった　　C 人を間違えた

第4部分 問題 p.62

31 正解 C

スクリプト

男：今天的报纸还没送来？
Jīntiān de bàozhǐ hái méi sònglái?

女：已经送来了，在我这儿呢。
Yǐjing sònglái le, zài wǒ zhèr ne.

男：那你看完给我看看。
Nà nǐ kànwán gěi wǒ kànkan.

女：好，我很快就看完了。
Hǎo, wǒ hěn kuài jiù kànwán le.

问：女的正在做什么？
Nǚ de zhèng zài zuò shénme?

スクリプト和訳

男：今日の新聞はまだ届いていないの？
女：もう届いているわ。私のところにあるのよ。
男：では君が読み終わったら僕に読ませてね。
女：ええ。私はすぐに読み終わるわ。
問題：女性は何をしているところですか？

選択肢和訳

A 服を洗っている　　B 電話している　　**C 新聞を読んでいる**

32 正解 C

スクリプト

女：这是你新买的自行车？
男：是，准备送给我妹妹的。
女：颜色很好，很漂亮。
男：是吗？希望她也会喜欢。
问：女的觉得自行车怎么样？

スクリプト和訳

女：これがあなたが新しく買った自転車ですか？
男：そうです。私の妹に贈るつもりです。
女：色がいいですね。きれいです。
男：そうですか？彼女も気に入ってくれるよう願っています。
問題：女性は自転車のことをどう思っていますか？

選択肢和訳　A　大きすぎる　　B　安い　　C　きれいだ

33 正解 A

スクリプト

男：您好，请问王老师在家吗？
女：在家。请问你是……
男：我是他的学生，我叫李元。
女：你好，快请进。
问：男的来找谁？

スクリプト和訳

男：こんにちは。お尋ねしますが王先生はご在宅でしょうか。
女：おります。お尋ねしますが、あなたは……
男：私は先生の学生で、李元と申します。
女：こんにちは。さあ入ってください。
問題：男性は誰を訪ねてきましたか？

選択肢和訳　A　王先生　　B　李さん　　C　張医師

34 正解 C

スクリプト

女：Nǐ míngtiān jǐ diǎn qù pǎobù?
　　你 明天 几 点 去 跑步？

男：Qī diǎn, zěnme le?
　　七 点，怎么 了？

女：Hěn cháng shíjiān méi yùndòng le, wǒ xiǎng hé nǐ yìqǐ qù.
　　很 长 时间 没 运动 了，我 想 和 你 一起 去。

男：Hǎo, míngtiān zǎoshang wǒ jiào nǐ qǐchuáng.
　　好，明天 早上 我 叫 你 起床。

问：Tāmen míngtiān jǐ diǎn qù pǎobù?
　　他们 明天 几 点 去 跑步？

スクリプト和訳

女：あなたは明日何時にジョギングに行きますか？
男：7時です。どうしましたか？
女：長い間スポーツをしていませんので、私はあなたと一緒に行きたいのです。
男：分かりました。明日の朝私はあなたを起こしますね。
問題：彼らは明日何時にジョギングに行きますか？

選択肢和訳

A 5時　　B 6時　　**C 7時**

35 正解 B

スクリプト

男：Mā, nín xià fēijī le ba?
　　妈，您下飞机了吧？
女：Shì, nǐ zài nǎr ne?
　　是，你在哪儿呢？
男：Wǒ hái zài chūzūchē shang, nín zài děng wǒ yíxià.
　　我还在出租车上，您再等我一下。
女：Hǎo de, wǒ zài jīchǎng li de kāfēiguǎnr děng nǐ.
　　好的，我在机场里的咖啡馆儿等你。
问：Nán de xiànzài zài nǎr?
　　男的现在在哪儿？

スクリプト和訳

男：お母さん、飛行機から降りたよね？
女：ええ。あなたはどこにいるの？
男：僕はまだタクシーの中にいるんだ。もう少し僕を待っていてね。
女：いいわよ。私は空港内の喫茶店であなたを待っているわね。
問題：男性は今どこにいますか？

選択肢和訳

A　船の上　　B　タクシーの中　　C　バスの中

2 閲　読

> 第1部分　問題 p.63

36　正解 F

問題文和訳

後ろの生徒たち、はやくしなさい。

> **解説**　"快一点儿" は文字通りだと「少しはやい」という意味だが、よく命令形で「ちょっとはやくしろ」というような意味で使う。ここは後ろの学生たちに向かって「はやく！」と呼びかけている場面と想像できるので、後ろを向いて呼びかけている様子のFが正解。

37　正解 C

問題文和訳

弟は歌を聴いているところなので、あなたの話すのが聞こえません。

> **解説**　"在" が動詞の前に置かれると、動作の進行を表す。"在听歌" で「歌を聞いている」という意味。選択肢の中ではCが耳にイヤホンをつけて音楽を聞いているように見えるので、これが正解。

38　正解 E

問題文和訳

病気になったのだから出勤するのはやめて、家で休んでいてください。

> **解説**　"生病" は「病気になる」という意味。"就" はその前にある条件が成就したら後ろに書いてあるようにする（なる）というニュアンスを表す。つまり、前後をつなぐ役割を果たしている。ここでは「病気になった」のだから「出勤せず家で休め」、というふうにつながる。選択肢では、風邪をひいて寝込んでいる様子のEが正解。

39　正解 B

問題文和訳

お姉さん、誕生日おめでとう！

> **解説**　"姐姐" は「姉」のこと。兄弟姉妹や父母、祖父母、息子や娘、孫くらいは覚えておくとよい。"生日快乐" は「誕生日おめでとう」という意味。選択肢では、誕生日ケーキらしきものが写っているBが正解。

40 正解 A

問題文和訳

あの映画のチケット2枚は？なぜ見当たらなくなったのですか？

解説 "名詞＋呢？" は省略疑問文と呼ばれている。たいていは直前に何か質問されて、それに答えた人が同じ質問を相手に "你呢？（あなたは？）" と投げかける時に使うが、文脈なしにいきなり "〜呢？" と言っている場合は「〜は（どこ）？」という意味のことが多い。ここは映画のチケットを探している様子が描かれているので、カバンの中を探している様子のAが正解。

第2部分　問題 p.64

選択肢和訳

A　歩く　　　　B　かもしれない　　　C　疲れた
D　腕時計　　　E　値段が高い　　　　F　去年

41　正解 F

問題文和訳

私の夫は［去年］から中国語を学び始めたのです。

> **解説**　"从〜" は「〜から」という意味。この場合はいつから中国語を勉強し始めたかを言っているので、カッコには時を表す言葉が入る。選択肢の中ではFしかないので、これが正解。

42　正解 C

問題文和訳

皆さん［疲れた］でしょう？私たちこの先まで行ったら少し座って、水を少し飲みましょう。

> **解説**　2文目を見ると「少し座って水を飲もう」と言っているので、カッコには疲れたのではないかとねぎらうような言葉が欲しい。そこで選択肢を見ると、まさにCが「疲れた」という意味の単語なので、これが正解。

43　正解 B

問題文和訳

空が曇ってきました。雨が降る［かもしれません］。出かけるのはやめなさい。

> **解説**　カッコの位置が助動詞の前なので、副詞的なものが入る可能性が高い。選択肢ではBが副詞。意味的にも合うので、これが正解。

44　正解 A

問題文和訳

私の家はそこから遠くありません。10分［歩けば］着きます。

解説　"离"は2つの地点（時点）の間の距離（間隔）が遠いか近いかを言う時に使われる介詞。この文だと「私の家」と「そこ」との距離が遠くないと言っている。距離を表現する際に「車で何分」とか「歩いてすぐ」という言い方をするのは中国語でも同じ。選択肢のAは「歩く」という意味なので、これをカッコに入れて「10分歩けば着く」というふうにすればよい。

45　正解 D

問題文和訳

女：この［腕時計］はいくらですか？
男：黒いのですか？3070元です。

解説　"块儿"という量詞で数える名詞は、選択肢の中ではDの"手表（腕時計）"しかないので、これが正解。

第3部分　問題 p.65 ～ p.66

46　正解 ✗

問題文和訳

私の息子は医者です。彼は毎日仕事が忙しいです。時には土曜日や日曜日も病院に出勤しなければなりません。
★ 彼の息子は教師だ。

> **解説** 問題文の冒頭で息子は"医生"と言っているので、★の文と内容が合致しない。ゆえに正解は「✗」。"有时候～"は「時には～」「～な時もある」というような意味。

47　正解 ✓

問題文和訳

あなたの名字は「唱」というのですか？この名字はめったに見かけないですね。私は初めて聞きました。
★ 「唱」という名字の人は少ない。

> **解説** "少见"は「めったにない、あまり見かけない」という意味。"第一次听说（初めて聞いた）"がわかれば予測はできるが、確実にするためにもよく覚えておこう。★の文と内容が合致するので、正解は「✓」。

48　正解 ✓

問題文和訳

起きるのが遅くなったから朝ご飯を食べないという人がいますが、このようにすると体に非常によくありません。
★ 朝ご飯を食べないことは体によくない。

> **解説** 後半の文で"这样做（このようにする）"と言っているが、「どのようにする」のかを読み取らなければならない。これは前半の文に書かれていることである。つまり「朝食を食べない」ということである。それが分かると、★の文と内容が合致することが分かるので、正解は「✓」。

49　正解 ✗

問題文和訳

私の兄はお店に買い物に行きました。私も彼がいつ戻ってくるか分かりません。彼の携帯電話にかけてください。
★　兄は部屋の中にいる。

> **解説**　最初の文で兄が出かけていることは分かるので、★の文と合致しないことが分かる。よって正解は「✗」。

50　正解 ✓

問題文和訳

李さん、聞くところによるとあなたは今北京大学で勉強しているそうですね。そこはきれいですか？あなたの学校のことを私たちにちょっと紹介してくれませんか？
★　李さんは北京で学校に行っている。

> **解説**　"读书"という単語は「読書する」という意味の他に「勉強する」という意味がある。ここは「北京大学で勉強している」という意味。北京大学は北京にあるので、★の文と内容が合致する。そこで正解は「✓」。

第4部分 問題 p.67〜p.68

51 – 55

選択肢和訳

A あなたは何日に帰宅するつもりですか？
B いいえ、昨日パソコンで遊んでいた時間が長すぎたのです。
C すみません。これはすべて私のせいです。
D 笑笑のそばに座っているあの人は誰ですか？あなた知っていますか？
E 彼はどこにいますか？あなたは彼を見かけましたか？
F コーヒーでよろしいですか？

51 正解 C

問題文和訳

構いませんよ。誰も今日雪が降るなんて思いませんでしたから。

> **解説** "没关系" は "对不起（すみません）" と謝られた時に返す言葉として知られている。ちょうど選択肢の中に "对不起" と言っているものがあるので、これが正解。

52 正解 A

問題文和訳

8月9日ですかね。こちらにはまだやり残していることがいくつかありますので。

> **解説** これだけ読んでいてもよく分からないが、何かの日程について話しているらしきことは分かる。選択肢を見てみると、Aが帰省（？）の日程について尋ねている様子なので、これが正解。"吧" には色々な意味があるが、ここでは "〜だろう" という推量の意味。"忙" はふつう形容詞だが、ここでは動詞扱い（「忙しく働く、忙しくする」という意味）で、直後に結果補語 "完" がついている。Aの文の "准备" は "〜するつもりだ" という意味。

53 正解 D

問題文和訳

白い服を着た人ですか？私の娘の同級生です。

> **解説** "穿白衣服的" の後ろには「人」などの言葉が省略されている。「白い服を着た（人）」という感じ。どうやら人を指して「この人は誰か？」と尋ねられて答えているような文なので、選択肢の中からそのようなものを選ぶ。するとDに "谁" という言葉が見えるので、これが正解。Dの "笑笑" というのはここでは人名なので惑わされないようにしよう。

54 正解 F

問題文和訳
店員さん、私にホットミルクを1杯ください。

> **解説** "服务员"とはサービスする人を広く指す。お店の店員やホテルの従業員など。"来"は飲食物を注文する意味でもよく使われるので覚えておこう。この文は飲食店での発言と思われるので、そういうものを探すとFがふさわしいことが分かる。

55 正解 B

問題文和訳
あなたの目はどうして赤くなっているのですか？夜あまり眠れなかったのですか？

> **解説** "红"は「赤い」。"好"は動詞の後ろに結果補語として使われると「その動作がよい状態で終わる」ことを表す。"睡好"は「しっかり眠る、よく寝る」というような意味。目が赤くなっていることの理由を尋ねているので、そのことを踏まえて選択肢を見ると、Bがふさわしいことが分かる。

56 - 60

選択肢和訳
A やめておきます。多すぎて、食べきれません。
B あちらの方に走っていきましたよ。
C 分からないことがあれば、皆さんにたくさん尋ねてみるといいですよ。
D 私は見ました。ここに書いてありますよ。500gで1元ですね。
E 私の家は学校のそばにあります。

56 正解 B

問題文和訳
あなたは私の猫を見ましたか？

> **解説** "看见"は「見える、見かける」という意味。Dの"我看到了"だけを見て飛びついてしまわないようにしよう。最後に値段が書いてあるので、問題文とつながらないことが分かる。これは猫の行き先を示したBが正解。"它"はモノや動物を指す指示代詞。この場合は猫を指している。"跑"は「走る、逃げる」という意味。

57 正解 D

問題文和訳
（この）スイカはなかなかいいですね。いくらですか？

解説　"不错"は「悪い」の否定で「なかなかよい」、「悪くない」というマイナス次元でのプラスよりの評価だが、副詞の修飾を受けると「すばらしい」という積極的なプラス評価になる。"怎么卖"は値段を尋ねる言い方だが、直訳すると「どうやって売るのか」という意味なので「量り売りなのか、いくつかでまとめて売るのか、ばら売りなのか、その場合の値段はどうなのか」を尋ねる言い方。単に値段を尋ねる場合は"多少钱"を使う。売り方や値段の話をしているので、Dがふさわしい。

58 正解 E

問題文和訳
こんなに近くに住んでいるなんて、本当にいいですね。

解説　"動詞＋得〜"は様態補語で、動作がどのような様子、状態で行われるかを述べる言い方。この場合だと"住（住む）"という動作が"这么近（こんなに近い）"という様子で行われている、ということで、要するに「近くに住んでいる」という意味。住所の話をしているものを選択肢の中から探すと、Eが家の場所について述べているので、これが正解。

59 正解 A

問題文和訳
私たち、さらに羊肉（料理）も注文しましょうか？

解説　分かりにくいかもしれないが、これはレストランでの会話と思われる。"来"に「（飲食店で）注文する」という意味があることを覚えておこう。また"羊肉"はレストランでは「羊肉の料理」という意味になる。レストランでの会話と思しきものは選択肢ではAである。"吃不完（食べきれない）"と言っているので、これが正解。

60 正解 C

問題文和訳
高さん、今日あなたは初めて会社に来たのですよね？

解説　"第一天（1日目、初日）"は動詞の前に置いて「〜する初日だ」というような意味で使われることがある。ゆえにこれは、初出勤の人との会話なので、そのようなものを選択肢から選ぶ。するとCが新人を気づかうセリフになっているので、これが正解。Cの"可以"は「〜してもよい」というより「〜するとよい」というニュアンスで使われている。"多"は動詞の前に置くと「たくさん〜する」という意味になる。

2級 第5回 解答・解説

正解一覧

1. 听力

第1部分
1. ×　2. ✓　3. ✓　4. ×　5. ✓
6. ×　7. ×　8. ×　9. ✓　10. ✓

第2部分
11. E　12. C　13. B　14. A　15. F
16. E　17. A　18. C　19. D　20. B

第3部分
21. A　22. B　23. A　24. A　25. C
26. C　27. B　28. C　29. A　30. B

第4部分
31. B　32. A　33. B　34. C　35. C

2. 阅读

第1部分
36. F　37. A　38. C　39. E　40. B

第2部分
41. B　42. C　43. F　44. A　45. D

第3部分
46. ✓　47. ×　48. ✓　49. ×　50. ✓

第4部分
51. B　52. A　53. F　54. C　55. D
56. B　57. C　58. A　59. E　60. D

聴力試験・・・P.186～P.201
読解試験・・・P.202～P.210
題の解答はP13～P17で紹介しています。

第5回

1 听力

第1部分 問題 p.70

1 正解 ✗

スクリプト
Hěn gāoxìng rènshi nín.
很 高兴 认识 您。

スクリプト和訳
あなたと知り合えてうれしいです。

2 正解 ✓

スクリプト
Chī fàn qián yào xǐxi shǒu.
吃 饭 前 要 洗洗 手。

スクリプト和訳
ご飯を食べる前には手を洗わなければなりません。

3 正解 ✓

スクリプト
Nín shuō ba, wǒ lái xiě.
您 说 吧，我 来 写。

スクリプト和訳
おっしゃってください、私が書きます。

4 正解 ✗

スクリプト

Tā de wǔ tiào de fēicháng hǎo.
他 的 舞 跳 得 非常 好。

スクリプト和訳

彼の踊りは非常にうまいです。

5 正解 ✓

スクリプト

Nǐ juéde nǎ jiàn hǎokàn?
你 觉得 哪 件 好看？

スクリプト和訳

あなたはどれ（どの服）がステキだと思いますか？

6 正解 ✗

スクリプト

Gēge zài fángjiān li xuéxí ne.
哥哥 在 房间 里 学习 呢。

スクリプト和訳

お兄さんは部屋で勉強しているところです。

7 正解 ✗

スクリプト

Tā xiào zhe shuō: "Bú kèqi."
她 笑 着 说："不 客气。"

スクリプト和訳

彼女は笑いながら「どういたしまして」と言いました。

8 正解 ✗

スクリプト

Xīguā shì wǒ zuì xǐhuan de shuǐguǒ.
西瓜 是 我 最 喜欢 的 水果。

スクリプト和訳

スイカは私が一番好きな果物です。

9 正解 ✓

スクリプト

Kàn diànnǎo shíjiān cháng le, yǎnjing yào xiūxi yíxià.
看 电脑 时间 长 了，眼睛 要 休息 一下。

スクリプト和訳

パソコンを見る時間が長くなったら、目を少し休ませなければなりません。

10 正解 ✓

スクリプト

Zhè běn shū bú cuò, nǐ kěyǐ dú yi dú.
这 本 书 不 错，你 可以 读 一 读。

スクリプト和訳

この本はなかなか良いです。あなたも少し読んでみるといいですよ。

第2部分 問題 p.71～p.72

11 正解 E

スクリプト
女：Lèi bu lèi? Xiūxi yíxià ba?
　　累 不 累？ 休息 一下 吧？
男：Méi guānxi, hái yǒu yí ge tí jiù zuòwán le.
　　没 关系，还 有 一 个 题 就 做完 了。

スクリプト和訳
女：疲れていませんか？少し休みますか？
男：大丈夫です。あと1題で終わりますから。

12 正解 C

スクリプト
男：Māma, wǒ bǐ qùnián gāo le duōshao?
　　妈妈，我 比 去年 高 了 多少？
女：Wǒ kànkan.
　　我 看看。

スクリプト和訳
男：お母さん、僕は去年よりどのくらい背が高くなったかな？
女：見てみようね。

13 正解 B

スクリプト
女：Nǐ yǒu Xiǎo Zhāng de diànhuà ma?
　　你 有 小 张 的 电话 吗？
男：Shǒujī shang yǒu, wǒ zhǎozhao.
　　手机 上 有，我 找找。

スクリプト和訳
女：あなたは張さんの電話（番号）を知っていますか？
男：携帯電話にあります。ちょっと探しますね。

14 正解 A

スクリプト

男：外面 冷 吧？ 快 喝 杯 热 茶。
　　Wàimian lěng ba? Kuài hē bēi rè chá.

女：谢谢。
　　Xièxie.

スクリプト和訳

男：外は寒かったでしょう？早く熱いお茶を飲んでください。
女：ありがとうございます。

15 正解 F

スクリプト

女：给 您 介绍 一下，这 就 是 小 王。
　　Gěi nín jièshào yíxià, zhè jiù shì Xiǎo Wáng.

男：你 好，欢迎 你。
　　Nǐ hǎo, huānyíng nǐ.

スクリプト和訳

女：ちょっとあなたに紹介します。こちらが王さんです。
男：こんにちは。ようこそ。

16 正解 E

スクリプト

男：别 看 这 个 了，我们 看 篮球 吧。
　　Bié kàn zhè ge le, wǒmen kàn lánqiú ba.

女：这 个 很 有 意思，让 我 看完 吧。
　　Zhè ge hěn yǒu yìsi, ràng wǒ kànwán ba.

スクリプト和訳

男：これ見るのやめなよ。バスケットボールを見よう。
女：これが面白いのよ。最後まで見せてよ。

17 正解 A

スクリプト
女：爸爸，我去上课了，再见。
　　Bàba, wǒ qù shàng kè le, zài jiàn.
男：再见，路上慢点儿。
　　Zài jiàn, lù shang màn diǎnr.

スクリプト和訳
女：お父さん、授業に行くわね。じゃあね。
男：じゃあね。ゆっくり行くんだよ。

18 正解 C

スクリプト
男：你家的小猫真好玩儿。
　　Nǐ jiā de xiǎo māo zhēn hǎowánr.
女：是，孩子们都很喜欢它。
　　Shì, háizimen dōu hěn xǐhuan tā.

スクリプト和訳
男：あなたの家の子猫は本当に面白いね。
女：ええ、子供たちもみんなこの子が好きなのよ。

19 正解 D

スクリプト
女：先生，您看这件可以吗？
　　Xiānsheng, nín kàn zhè jiàn kěyǐ ma?
男：这件颜色我不太喜欢，有黑色的吗？
　　Zhè jiàn yánsè wǒ bú tài xǐhuan, yǒu hēisè de ma?

スクリプト和訳
女：お客様、こちら（の服）でよろしいでしょうか？
男：これ（この服）は色があまり好きではありません。黒いのはありますか？

20 正解 B

スクリプト

男：请问，你旁边有人吗？
Qǐngwèn, nǐ pángbiān yǒu rén ma?

女：没有，你坐吧。
Méi yǒu, nǐ zuò ba.

スクリプト和訳

男：お尋ねしますが、お隣は誰かいらっしゃいますか？
女：いません。お座りください。

第3部分　問題 p.73

21　正解 A

スクリプト

女：Duìbuqǐ, wǒ láiwǎn le.
　　对不起，我 来晚 了。
男：Méi guānxi, hái méi kāishǐ ne.
　　没 关系，还 没 开始 呢。
问：Nǚ de zěnme le?
　　女 的 怎么 了？

スクリプト和訳

女：すみません。（私）来るのが遅れました。
男：構いません。まだ始まっていませんので。
問題：女性はどうしましたか？

選択肢和訳

A　来るのが遅れた　　B　病気になった　　C　まだ寝ている

22　正解 B

スクリプト

男：Tiān yǒu diǎnr yīn le.
　　天 有 点儿 阴 了。
女：Jīntiān xiàwǔ yǒu dà yǔ, wǒmen zǎo diǎnr huíqù ba.
　　今天 下午 有 大 雨，我们 早 点儿 回去 吧。
问：Xiànzài tiānqì zěnmeyàng?
　　现在 天气 怎么样 ？

スクリプト和訳

男：空が少し曇ってきましたね。
女：今日の午後は大雨です。私たちは早めに帰りましょう。
問題：現在の天気はどうですか？

選択肢和訳

A　暑い　　B　曇ってきた　　C　雨が降り出した

23 正解 A

スクリプト

女：晚上 我们 去 唱 歌 怎么样？
　　Wǎnshang wǒmen qù chàng gē zěnmeyàng?
男：我 今天 有 点儿 忙，星期日 再 去 吧。
　　Wǒ jīntiān yǒu diǎnr máng, xīngqīrì zài qù ba.
问：男 的 今天 为 什么 不 去 唱 歌？
　　Nán de jīntiān wèi shénme bú qù chàng gē?

スクリプト和訳

女：夜私たち歌を歌いに行くのはどうですか？
男：私は今日少し忙しいので、また日曜日に行きましょう。
問題：男性は今日なぜ歌を歌いに行かないのですか？

選択肢和訳

A　時間がない　　B　踊りに行きたい　　C　子犬が見当たらなくなった

24 正解 A

スクリプト

男：船票 我 帮 你 买好 了，明天 中午 的。
　　Chuánpiào wǒ bāng nǐ mǎihǎo le, míngtiān zhōngwǔ de.
女：太 好 了，哥，谢谢 你。
　　Tài hǎo le, gē, xièxie nǐ.
问：谁 帮 女 的 买 的 船票？
　　Shéi bāng nǚ de mǎi de chuánpiào?

スクリプト和訳

男：船の切符は僕がお前の代わりに買ったよ。明日の昼の（便）だよ。
女：よかった。お兄さん、ありがとう。
問題：誰が女性の代わりに船の切符を買ったのですか？

選択肢和訳

A　彼女の兄　　B　彼女の弟　　C　彼女の夫

25 正解 C

スクリプト

女：今天 早上 的 报纸 呢？ 你 看完 了 吗？
男：看完 了，在 桌子 上。
问：报纸 在 哪儿？

スクリプト和訳

女：今朝の新聞は？あなた読み終わった？
男：読み終わったよ。机の上にあるよ。
問題：新聞はどこにありますか？

選択肢和訳

A　ドアの裏側　　B　椅子の上　　C　机の上

26 正解 C

スクリプト

男：现在 是 九 点 零 六，你 的 手表 慢 了？
女：是，慢 了 五 分钟。
问：现在 几 点 了？

スクリプト和訳

男：今9時6分です。あなたの腕時計は遅れているのですか？
女：ええ、5分遅れています。
問題：今何時ですか？

選択肢和訳

A　9：01　　B　9：05　　C　9：06

27 正解 B

スクリプト

女：Míngtiān dìyī tiān shàngbān, wǒ chuān zhè jiàn yīfu zěnmeyàng?
　　明天 第一 天 上班，我 穿 这 件 衣服 怎么样？
男：Bú cuò, hěn piàoliang.
　　不 错，很 漂亮。
问：Nán de juéde nà jiàn yīfu zěnmeyàng?
　　男 的 觉得 那 件 衣服 怎么样？

スクリプト和訳

女：明日初出勤です。この服を着るのはどうでしょうか。
男：なかなかいいですね。きれいですよ。
問題：男性はその服をどう思いましたか？

選択肢和訳

A　安い　　**B　きれいだ**　　C　長すぎる

28 正解 C

スクリプト

男：Nǐ nǎtiān shēngrì?
　　你 哪天 生日？
女：Zǎo ne, sānyuè bāhào.
　　早 呢，三月 八号。
问：Tāmen zài shuō shénme?
　　他们 在 说 什么？

スクリプト和訳

男：あなたはいつ誕生日ですか？
女：まだ先です。3月8日です。
問題：彼らは何を話しているのですか？

選択肢和訳

A　リンゴ　　B　新年　　**C　誕生日**

29 正解 A

スクリプト

女：Wéi, nǐ dào jīchǎng le ma?
　　喂，你 到 机场 了 吗？
男：Méi yǒu, wǒ hái zài chūzūchē shang, nǐ zài děng wǒ jǐ fēnzhōng.
　　没 有，我 还 在 出租车 上，你 再 等 我 几 分钟。
问：Nán de yào qù nǎr?
　　男 的 要 去 哪儿？

スクリプト和訳

女：もしもし、あなたは空港に着きましたか？
男：着いていません。私はまだタクシー内です。あと数分待ってください。
問題：男性はどこに行くのですか？

選択肢和訳

A　空港　　B　駅　　C　レストラン

30 正解 B

スクリプト

男：Zhè jǐ ge Zhōngguó diànyǐng dōu bú cuò,
　　这 几 个 中国 电影 都 不 错，
　　duì xuéxí hànyǔ hěn yǒu bāngzhù, nǐ huíqù kěyǐ kànkan.
　　对 学习 汉语 很 有 帮助，你 回去 可以 看看。
女：Hǎo, wǒ huíqù jiù kàn, xièxie.
　　好，我 回去 就 看，谢谢。
问：Nán de ràng nǚ de huíqù kàn shénme?
　　男 的 让 女 的 回去 看 什么？

スクリプト和訳

男：このいくつかの中国映画はどれもなかなか良いですね。中国語を学ぶうえで大いに助けになります。あなたは帰ったら見てみるといいですよ。
女：分かりました。帰ったら見ます。ありがとうございます。
問題：男性は女性に帰って何を見るように言いましたか？

選択肢和訳

A　新聞　　B　映画　　C　中国語の本

第4部分 問題 p.74

31 正解 B

スクリプト

男：Xiǎojiě, qǐngwèn zhè ge diànshìjī zěnme mài?
　　小姐，请问这个电视机怎么卖？
女：Yòubian zhè ge ma? Sìqiān bābǎi jiǔ.
　　右边这个吗？四千八百九。
男：Hái yǒu bǐ zhè ge zài dà yìdiǎnr de ma?
　　还有比这个再大一点儿的吗？
女：Yǒu, nín dào zhèbian lái kànkan.
　　有，您到这边来看看。
问：Tāmen zuì kěnéng zài nǎr?
　　他们最可能在哪儿？

スクリプト和訳

男：すみません、お尋ねしますがこのテレビはいくらですか？
女：右の方のこちらですか？4890元です。
男：これよりもう少し大きいのはありますか？
女：あります。こちらに来て見てください。
問題：彼らはどこにいる可能性が最も高いですか？

選択肢和訳

A 教室　　B お店　　C 病院

32 正解 A

スクリプト

女：Nǐ huì dǎ lánqiú?
　　你 会 打 篮球？
男：Shì, wǒ shàng xiǎoxué de shíhou jiù huì.
　　是，我 上 小学 的 时候 就 会。
女：Nà zěnme méi jiàn nǐ wánr guo?
　　那 怎么 没 见 你 玩儿 过？
男：Yīnwèi gōngzuò hòu shìqing tài duō, suǒyǐ jiù hěn shǎo wánr le.
　　因为 工作 后 事情 太 多，所以 就 很 少 玩儿 了。
问：Nán de wèi shénme xiànzài hěn shǎo dǎ qiú?
　　男 的 为 什么 现在 很 少 打 球？

スクリプト和訳

女：あなたはバスケットボールができますか？
男：ええ。小学生になった頃にはもうできました。
女：ではどうしてあなたがやっているところを見たことがないのかしら。
男：就職後は用事が多すぎて、めったにやらなくなってしまったのです。
問題：男性はなぜ今はめったに（バスケットボールを）やらないのですか？

選択肢和訳　A　仕事が忙しい　　B　体の調子がよくない　　C　スポーツが好きではない

33 正解 B

スクリプト

男：Nǐ kànkan, xiǎng chī shénme?
　　你 看看，想 吃 什么？
女：Zhè jiā diàn yǒu shénme hǎochī de cài?
　　这 家 店 有 什么 好吃 的 菜？
男：Tīngshuō zhèr de yángròu bú cuò.
　　听说 这儿 的 羊肉 不 错。
女：Nà wǒmen jiù lái ge yángròu ba.
　　那 我们 就 来 个 羊肉 吧。
问：Nǚ de yào chī shénme?
　　女 的 要 吃 什么？

スクリプト和訳

男：ほら見て、何が食べたい？
女：この店、何かおいしい料理ある？
男：聞くところによるとここの羊肉（料理）がなかなかいけるらしいよ。
女：じゃあ私たち、羊肉（料理）を頼みましょうか。
問題：女性は何を食べたがっていますか？

選択肢和訳　A　魚料理　　B　羊肉料理　　C　お米のご飯

34 正解 C

スクリプト

女：小 高，你 儿子 多大 了？
　　Xiǎo Gāo, nǐ érzi duōdà le?

男：一 岁 零 两 个 月。
　　Yí suì líng liǎng ge yuè.

女：会 说话 了 吧？
　　Huì shuōhuà le ba?

男：是，已经 会 叫 爸爸 妈妈 了。
　　Shì, yǐjīng huì jiào bàba māma le.

问：小 高 的 儿子 多大 了？
　　Xiǎo Gāo de érzi duōdà le?

スクリプト和訳

女：高さん、あなたの息子さんは何歳になった？
男：1歳2か月だよ。
女：話せるようになったでしょ？
男：うん、もうパパママって呼べるようになったよ。
問題：高さんの息子は何歳ですか？

選択肢和訳

A　2か月　　B　12か月　　**C　1歳と少し**

35 正解 C

スクリプト

男：*Wǒ kāichē sòng nǐ huíqù ba.*
我 开车 送 你 回去 吧。

女：*Méi shì, wǒ qù qiánmian zuò gōnggòngqìchē jiù kěyǐ.*
没 事，我 去 前面 坐 公共汽车 就 可以。

男：*Nà hǎo ba, dào jiā hòu gěi wǒ dǎ ge diànhuà.*
那 好 吧，到 家 后 给 我 打 个 电话。

女：*Hǎo, zài jiàn.*
好，再 见。

问：*Nǚ de zěnme huíqù?*
女 的 怎么 回去 ？

スクリプト和訳

男：車で送ってあげましょうか。
女：大丈夫です。この先からバスに乗ればそれでいいので。
男：分かりました。家に着いてから私に電話をください。
女：分かりました。さようなら。
問題：女性はどうやって帰りますか？

選択肢和訳

A 歩いて　　B 車を運転して　　**C バスに乗って**

2 閲 読

第1部分　問題 p.75

36　正解 F

問題文和訳

この子は私の最高の友達です。

> **解説**　"它"はモノや動物を指す指示代名詞。なので"朋友（友達）"と言っているが人間ではなくペットもしくは宝物にしている物の可能性がある。選択肢を見るとFが犬に抱きついている女性の写真なので、これが正解。

37　正解 A

問題文和訳

あなたたちが来てくれてうれしいわ。早く入ってください。

> **解説**　"快请进吧"と言っていることから、玄関先などで客を迎えている様子が目に浮かぶ。選択肢を見るとAがドアを開けて2人の人を迎え入れようとしている写真なので、これが正解。"你们"と言っているので人数的にも合致する。

38　正解 C

問題文和訳

今3kgちょっとオーバーですが、いいですか？

> **解説**　"公斤"はキログラムのこと。ある数字を少し超えていることを表したい時、"数詞＋量詞＋多"という。例えば"一个多小时（1時間ちょっと）"。ここではさらに後に"一点儿"をつけて、3キロを超えている部分がほんの少しであることを示している。何かの重さを量っていることは明らかなので、Cのリンゴの重さを量っている写真が正解。

39　正解 E

問題文和訳

あなた何を笑っているの？私にも見せてよ。

> **解説**　"也"は副詞なので原則として述語の前に置く。この文の場合、介詞"给"よりも前に置くことになる。日本語では「私にも」というふうに「も」を「私」より後ろに置くので、"也"を"我"よりも前に置くのは違和感があるかもしれないが、"也"は日本語の「も」とは使い方が違うということを把握しておこう。（例えば"我也是美国人。"はふつう「私もアメリカ人です。」と解釈するが、文脈によっては「私はアメリカ人でもあります。」とも解釈可能である。）選択肢の中では、男性の見ている物を横から覗きこんでいるEが正解。

40 正解 B

問題文和訳

何時ですか?学生たちはなぜまだ到着しないのですか?

解説　"怎么"は直後に動詞があれば方法や方式を尋ねる「どのように」という意味の疑問代詞だが、動詞以外のものが来ていれば原因や理由を尋ねる「なぜ、どうして」という意味になる場合が多い。ここは後者の意味。学生たちが時間通りに来なくて困っている様子なので、時計を見て不機嫌そうにしているBが正解。

第2部分　問題 p.76

選択肢和訳
A 非常に　　　B 外　　　　C 誕生日
D 〜の方へ　　E 高価だ　　F 告げる

41　正解 B

問題文和訳
空が晴れた。[外]にサッカーをしに行こうよ？

解説　後半部分は連動文になっていることは確か。1つ目の動詞句が"去（　）"で、2つ目の動詞句は"踢球"。カッコには何が入るか考えると、"去"の目的語（行き先を表す言葉）が入ると考えられる。選択肢を見ると、Bが行き先として使えるので、Bが正解。"天"は「1日（24時間のこと）」を表すこともあるが、ここでは「空」という意味。

42　正解 C

問題文和訳
お姉さん、[誕生日]おめでとう！これを贈ります。

解説　"〜快乐！"は「〜おめでとう！」という場合に使う言葉。例えば"新年快乐！"と言えば「あけましておめでとう！」という意味。選択肢を見るとCの"生日（誕生日）"を入れて「誕生日おめでとう」とするのがよい。よって正解はC。

43　正解 F

問題文和訳
このことは誰が君に[告げた]のですか？

解説　この文は"是〜的"の強調構文。強調構文では"是"の直後の部分に強調したいものが入り、その後に述語部分（主に動詞）が来るので、カッコには動詞が入ると考えて選択肢を見よう。すると動詞はFしかない。意味的にも問題ないのでFが正解。

44 正解 A

問題文和訳

私はあなたが我々の会社に来て働いてくれるようにと［非常に］願っています。

> **解説** "希望"は「希望する、願う」という意味。この動詞は「希望、願望」の程度を強調することができるので、前に程度を強調する副詞（"可""非常"等）を置くことができる。選択肢ではA"非常"が入りうるので、これが正解。

45 正解 D

問題文和訳

女：こんにちは、お尋ねしますが駅へはどう行けばいいですか？
男：あなたはここから前の［方へ］歩いていけば、十数分で着きます。

> **解説** 道案内の場面での語彙を仕入れておこう。「右に曲がる」「前に向かって歩く」という場合は"向（往）右拐""向（往）走"という。選択肢には"往"はないが"向"があるので、これが正解。

第3部分　問題 p.77 〜 p.78

46　正解 ✓

問題文和訳

この自転車は色がいいですね。300元でも高くありません。私たちはこれを買いましょう。
★　その自転車は高くない。

> **解説**　問題文真ん中あたりで"不贵"という字が見える。何が高くないのかよく見極めよう。ここではその前の主語がまだ支配しているので、自転車が（300元だけどそれでも）高くないと言っているので、★の文と内容が合致する。よって正解は「✓」。

47　正解 ✗

問題文和訳

すみません。来週試験があり、私はちょっと準備しなければなりませんので、あなたと遊びに出かけられないのです。
★　彼は今試験を受けている。

> **解説**　"下个星期"は「来週」。"上/下"という字が時間の概念で使われる場合、"上"は過去、"下"は未来を表す。川の流れを想像し、上流は水が今まで通って来たところ（過去）、下流はこれから行くところ（未来）というふうにイメージづけておこう。問題文では試験があるのは"下个星期"だが、★の文では"正在考试"と言っており、まさに今試験中という表現になっている（"正在"は動作の進行を表す）。よって正解は「✗」。

48　正解 ✓

問題文和訳

私は今回飛行機に乗って帰りました。2時間で家に着き、列車に乗るよりもずっと早かったです。
★　彼はすでに家に着いている。

> **解説**　最初の文は"是〜的"の強調構文になっている。この構文は過去のことについてしか述べられないので、帰って来たのは過去のことである。つまり今はもう帰って来て家にいるはずなので、★の文と内容が合致する。ゆえに正解は「✓」。

49 正解 ✗

問題文和訳

ここに住むのはとてもよいと思います。学校から近いので、毎日歩いて学校に行けます。
★ 彼は学校から遠くに住んでいる。

> **解説** 真ん中あたりで"离学校近（学校から近い）"と明示しているので、★の文と合致しないことが分かる。よって正解は「✗」。"着"は動詞と動詞の間に置いて、2つの動作を同時に行っている様子を表す。つまり"走着去"は「歩きながら行く、歩いて行く」という意味。

50 正解 ✓

問題文和訳

医者は、妹は大したことはなく、帰って薬を飲み、たくさんお湯を飲んで、数日休んでいればすぐによくなる、と言いました。
★ 妹の病気は特に大きな問題はない。

> **解説** 中国語では「薬を飲む」ことを"吃药"という。"吃"は「食べる」という意味で覚えていると思うので注意。"热水"はお湯（温かい飲み物）のこと。中国語では水の温度が高くなって日本語で「お湯」という段階になっても「水」という。お湯であることを明示したい時は"热水""开水（沸騰したお湯）"のように言う。問題文最初の部分で「妹は大したことはない」と言っているので、★の内容と一致する。よって正解は「✓」。

第4部分　問題 p.79〜p.80

51 - 55

選択肢和訳

A　私は退勤後お店に行って、牛乳や卵を買いました。
B　すみません。人違いですよ。私は王と申します。
C　気にしないで。私のところにはまだ少しあるから、気に入ったのなら全部あなたにあげるよ。
D　先生、私できます。
E　彼はどこにいますか？あなたは彼を見かけましたか？
F　いいえ、私今はまだ起きたくありません。

51　正解 B

問題文和訳
お尋ねしますがあなたは李さんですか？

解説　"请问"は何か質問したい時に最初に言う言葉。「お尋ねしますが」というような意味。選択肢ではBが"认错人（人違いをする）"ということを言っているので、これが状況にふさわしい。

52　正解 A

問題文和訳
どうして帰ってくるのがこんなに遅かったの？

解説　"怎么"は直後に動詞が来ていると方法や方式を尋ねる「どのように」の意味になるが、その動詞に様態補語が着いている場合は「なぜ、どうして」の意味に解釈する。選択肢の中から帰って来るのが遅くなった言い訳をしているものを探すと、Aがそれにあたるので、これが正解。

53　正解 F

問題文和訳
寝るのをやめて、私と一緒にジョギングに行こう。

解説　"别"は禁止や中止を表す言葉。特に文末に"了"が付いている場合は中止を表すことが多い。ここも「寝るのをやめろ」という中止の意味。"和〜一起"で「〜と一緒に」の意味。"和"には英語のandの意味だけでなく「〜と（一緒に）」のような介詞の意味もあるので、気をつけよう。問題文は、寝ているのを起こしてジョギングに誘っているので、それに続くものとしては"还不想起床"と言っているFが最も自然につながる。よってこれが正解。

54 正解 C

問題文和訳

あなたがこの前私にくれたコーヒーおいしかったです。ありがとうございました。

解説 "送"は「贈る、プレゼントする」という意味。プレゼントをもらったので"谢谢"と感謝の意を表明している。"谢谢"と言われたらなんと返すのか考えながら選択肢を見るとCで"不客气"と言っているのでこれが正解。

55 正解 D

問題文和訳

どのお友達がこの問題に答えられるかな？

解説 最初の"哪个"は「どの、どれ」という意味。恐らくは学校の先生が、生徒たちに対して「だれができるかな？」と問いかけているので、生徒たちがこぞって手を挙げる風景が目に浮かぶ。選択肢を見るとDで「私できます」と答えているので、これが正解。"会"は助動詞として覚えている人も多いだろうが、ここのように「できる」という意味の単独の動詞として使うこともできる。

56 - 60

選択肢和訳

A 知りません。開けて見てみましょうよ。
B その映画は面白かったとみんなが言っています。
C 違います。左側は「月」です。「日」ではありません。
D いいえ。私の妻と娘が行きます。彼女たちは昨日の午前中に出ました。
E あなたもここで働いているの？どうしてあなたに会ったことがなかったのかな。

56 正解 B

問題文和訳

でも私は見ても分かりませんでした。

解説 "看懂"は"看（見る）"という動詞に"懂（分かる）"という結果補語がついた形。つまり「見て分かる」というような意味。但し"看"は「読書する（看书）」とか「映画を見る（看电影）」という時にも使うので、その文脈で"看懂"が使われると本や映画の内容が理解できるという意味になる。ここではBで映画の話をしているので、これが正解。

57 正解 C

問題文和訳

「服務員」の「服」という字はこう書くのですか？

解説 漢字の書き方についての質問である。"这样"は動詞の前に置くと「このように、こんなふうに」という意味。選択肢を見るとCが漢字の書き方を教えているような表現になっているので、これが正解。"错"は「間違っている」という意味。

58 正解 A

問題文和訳

この中身はどんなものですか？

解説 "什么"は単独で使うと「何」という意味だが、名詞の直前に置かれると「どんな〜、何の〜」という意味になる。よって"什么东西"は「どんなもの」という意味。選択肢を見ると、Aで"打开"（開ける）という動詞が見え、開けてみて中身を見ようという話になっているので、これが正解。

59 正解 E

問題文和訳

私は新しく来た者で、銭雪と申します。

解説 新入生、もしくは新入社員の自己紹介のような言葉なので、それにふさわしいものを選択肢の中から選ぶ。あまり自信を持って「これ」と言える選択肢がないのが現状だが、消去法でEが導き出せるだろう。これはまずEの発言を受けて59番の問題文が発せられると考えよう。Eの発言は、知り合いに似た人を見つけて思わず「あなたもここに？」と声をかけてしまうが、相手から「新入りです。銭雪です。」と言われてしまう場面などを考えるとつながる。

60 正解 D

問題文和訳

あなたたち一家は北京に旅行に行くのですか？

解説 "一家人"は「家族みんなで」というニュアンスを出す。「みんなで北京に？」と尋ねられて答えていると思われるものを探すと、Dで「妻と娘が行く」と、「一家みんなでではない」旨を述べているので、Dが正解。

HSK合格をサポートする

公認テキスト 1級 2級 3級 4級 CD付き

これ1冊でHSK対策ができる。

○ 過去問を徹底分析。
○ 各級に必要な文法事項を凝縮。
○ 音声付きの豊富な例文でリスニング試験に完全対応。
○ 出題頻度が分かる単語表付きで直前の対策にも最適。

ポイント1 出題傾向がよく分かる解説

ポイント2 全ての例文・単語をCDに収録

ポイント3 出題頻度の分かる単語表掲載

著者はNHKラジオ講座「まいにち中国語」の 宮岸雄介先生

略歴：**宮岸 雄介**（みやぎし ゆうすけ）　防衛医科大学校専任講師、東京生まれ。専門は中国思想史。早稲田大学大学院文学研究科博士課程単位取得満期退学。2001年より北京師範大学中文系博士課程（中国古典文献学専攻）に留学。著書に『とらえどころのない中国人のとらえかた』（講談社＋α新書）、中国語教科書に『中国語文法トレーニング』（高橋書店）、『30日で学べる中国語文法』（ナツメ社）、『作文で鍛える中国語の文法』（語研）など。翻訳に孟偉哉著『孫子兵法物語』（影書房）などがある。

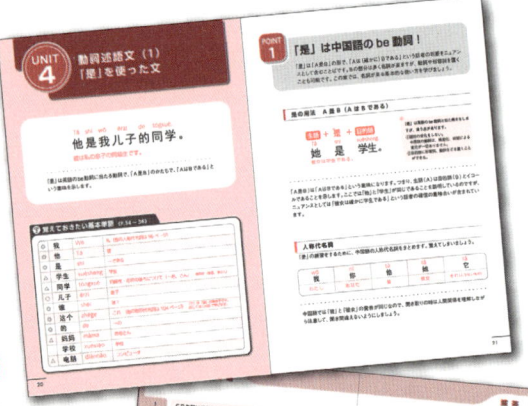

全国書店、ネットストアで好評発売中！

公認シリーズ　書籍　アプリ　映像教材

公認 単語トレーニング

HSK合格に必要な単語を手軽に学べる！

- 出題範囲の単語すべてに過去問から抽出した例文をつけて収録。
- すべての単語・例文・日本語訳の音声を収録。
- テスト機能は「読解問題」「リスニング」の対策にも。

1～5級 好評発売中！

Android版ダウンロード　ANDROID アプリ Google play

iPhone版ダウンロード　App Store からダウンロード

＊推奨環境などについては各ストアでご確認ください。(タブレットは含まれません)

公認 映像講座 1～4級

これだけでHSKに合格できる！

- 公認教材の内容をさらに分かりやすくネイティブが授業形式で解説。
- 学びながら発音も確認できるからリスニング対策にも。
- 練習問題は1問1解説だから、分からない問題を繰り返し見られる。
- 通勤・通学中、家、学校でも、インターネット環境さえあればどこでも見られる。

詳細はHSK公式サイトから
www.hskj.jp　HSK 検索

お問い合わせ窓口：株式会社スプリックス　中国語教育事業部
Tel:03-5927-1684　Fax:03-5927-1691　E-mail:ch-edu@sprix.jp

本書は、株式会社スプリックスが中国国家汉办の許諾に基づき、翻訳・解説を行ったものです。日本における日本語版の出版の権利は株式会社スプリックスが保有します。

中国語検定 HSK公式過去問集 2級　[2013年度版]

2013年12月13日　初版　第1刷 発行

著　　　者：問題文・音声 孔子学院总部／国家汉办
　　　　　　翻訳・解説　株式会社スプリックス
編　　　者：株式会社スプリックス
発　行　者：平石 明
印刷・製本：株式会社インターブックス
発　行　所：株式会社スプリックス
　　　　　　〒171-0021 東京都豊島区西池袋1-11-1
　　　　　　メトロポリタンプラザビル 12F
　　　　　　TEL 03(5927)1684　FAX 03(5927)1691
落丁・乱丁本については、送料小社負担にてお取り替えいたします。

©SPRIX　Printed in Japan　ISBN978-4-906725-11-3

本書および付属のディスクの内容を小社の許諾を得ずに複製、転載、放送、上映することは法律で禁止されています。
また、無断での改変や第三者への譲渡、販売(パソコンによるネットワーク通信での提供なども含む)は禁じます。

HSK日本実施委員会 公認

SPRIX